JN410221

時間의 오차

이순우 여섯 번째 문집

時間의 오차

인쇄 | 2009년 5월 25일
발행 | 2009년 5월 30일

글쓴이 | 이순우
펴낸이 | 장호병
펴낸곳 | 북랜드
110-999 서울 종로구 신문로1가 오피시아 1406호
대표전화 (02) 732-4574
팩시밀리 (02) 734-4574

등 록 일 | 1999년 11월 11일
등록번호 | 제13-615호
홈페이지 | www.bookland.co.kr
이-메일 | bookland@hanmail.net

주 간 | 곽흥렬
편 집 | 김인옥
영 업 | 최성진

ISBN 978-89-7787-481-7 03810

값 9,000원

時間의 오차

이순우 여섯 번째 문집

북랜드

序文

시계가
짜깍 짜깍
시간을 먹어 치웁니다
시간이 야생마 되어
세월을 달립니다
시계는 계속 알을 낳아 부화된
새 세대들이 낯설고 두렵게 밀고 달려옵니다
시를 왜 쓰느냐고 물으시면
그 대답은
시간을 죽이기 위해서였나 봅니다

○ 시

時間의 오차

동유럽 기행시

○ 소설

/ 시 /

손가락
- 그는 마법사

그 하나 다쳤는데
아무것도 할 수 없고
불편하기 이를데 없네!

그는 마법사다
그가 다면 나는 11층에 와 있고
"열려라 문"을 외우지 않아도
문이 열리고
그는 밥을 짓고 찌개를 끓이고
빨래를 하는 동안 나는 노래 부른다
방 불을 켜고 사이버 속에 빠져든다 나는

코페르니쿠스의 그 하늘 문을 열고
아라비안 나이트 양탄자가 아니라도
하늘을 날고 우주를 날아가네
그를 흉내 낸 포크레인
두더지 젖히고 땅을 파 뒤집고
건축한 현대문명 바빌론 성
너 진정 위대하구나
나에게 목숨 바쳐 충성하는 그
오늘은 자장면 부탁해 볼까

석유

석유는 검은 돈이다
둔갑하면 골칫거리다
회오리바람이다가
전란을 유발하다가
무법자 되고 괴력의 무기가 되고
살인범 흉악범 마귀할미다
세상은 너의 손에 공기돌이 되니 꺾어 잡을까!
인생을 노리개 장난감 꼭두각시로 만들고
태산도 세웠다 허무는 연금술사이며
마법의 위력은 가히
콧대가 신의 경지에 이르니
약자는 여지없이 밟히고
당할 자 누구인가
다만 적십자 마크 달아주면 순한 양이 되어
평화와 사랑으로 세상 길들이겠네

태초의 여인

- 상수리나무

도토리 키 재기 하다 미끄러져
떼굴떼굴 떼 구 르 르
가랑잎, 갈가마귀 배꼽 잡고 웃는다
까 깔 깔 깔
바위틈 낭떠러지 발 붙여 터를 닦고
십 년 이십 년 삼사 십 년
궁전 같은 호텔로 하늘에 위용을
살살 바람이 투숙하고
낮에는 해님이 낮잠 자고
밤에는 달님이 묵어 갔네
그들은 서로 시샘해
해님은 폭염으로 당금질하며 실토하라고
달님은 울기만 해 장맛비 되고
바람이 태풍 되어 머리채 휘어잡고
사정없이 발로 차고
두들겨 패고 욕을 퍼붓고 떠나간다
어디선가 옛 친구 매미 한 마리 날아와
세상을 향해 소리 지른다
더 이상 괴롭히면 가만 안 둬
예서 제서 매미 친구들이 화답한다

그녀가 한잠 푹 자고 나니

바람 새끼 해님 달님 새끼들 모자 쓰고
우르르 쏟아진다
산토끼 다람쥐 눈이 반질반질 신이 났네!

나의 어머니

그는 가이아였다

가이아는 지구이며 여자다 민족이며 조국이며 나의 몸이며 나의 뼈와 살, 손톱 발가락 머리카락이다

나의 모국어이며 자존심이며 지혜와 능력, 슬픔 고통 비애와 고독이다

잔주름이다 포화상태이다가 불포화 지방산이다가 현기증과 갈등이다

나의 패배의 날이며 영광의 자리였네

그는 내가 먹는 밥이고 시금치고 내가 버린 쓰레기이고 배설물이다가 생명의 근원이고 결과다

그는 달리고 달리다가 지쳐 쓰러진 자리 스무 번째 피어난 진달래다

저만치 강여울 건너가는 바람이다

그가 나이고 내가 그라는 것을 알게 되니 그립다

산비둘기

매화꽃 봉오리가 겨울을 비웃듯이
하야니 해죽인다
나른한 햇살 아래
그녀는
한 사내 활활 타오르는 눈동자에 빠져버렸다
바위틈 낭떠러지
열에의 둥지클고
네 마리 새끼 키우며 세상 부러운 게 없었다
고대광실(까치집)도 부럽지 않아
어느새 새끼들은 자라서 갈 길 가고
어느 날 빵! 산을 뒤흔드는 총성에
그 사내, 곤두박질하더니
영영 떠나고
그녀는 오르페우스에게 전수 받은 노래
구 구 구구구 레도 미레도 애절함에
그 애절함에
하늘이 울고 비에 젖어
떡갈나무, 상수리나무, 굴참나무, 갈참나무
모두 고개를 쳐박고 웁니다
구 구 구구구 레도 미레도

고물장수

고 – 물
고 – 물
고물 삽니다
온 동리 들으라고 외치며
고장난 시계 라디오 축음기 라면박스 헌옷
신문이나 잡지
그는 갑자기 목소리 깔고
과부 삽시다!

갑자기 신문 잡지 갈피에서
과부들이 우르르 쏟아진다
부지깽이 방망이 추켜들고
저 망할놈 죽일놈 욕바가지 퍼붓는 소리
깔깔거리는 소리
혼구녕 난 그
도둑이 제발이 저리다고

그 소리 들은 사람 아무도 없었다네

두부장수

두부모관 짊어지고
딸랑 딸랑 종 울리며
이쪽 동네에서 짓눌린 음성으로 두부
저망치 가서 저쪽 동네 어귀에서 사려
세수 안 한 까치집 머리 아낙들이 예서 제서
두부장수 불러댄다
부잣집 낯익은 식모 나와 윙크할 때마다
두부장수 간장이 흐물흐물
발걸음도 가벼이 낭낭하게
두부 사려 두부 사려

엿장수

자 엿장수가 왔어요
쩔렁 쩔렁 가위 소리
모여드는 동네 꼬마들
코흘리개, 찔찔이, 개구쟁이, 골목대장까지
모두 뒤따른다
엿장수는 큰 소리로
귀 떨어진 엽전 한 푼
코 떨어진 고무신, 깨진 무쇠 조각
부지깽이 부러진 놋숟가락
구멍 난 양은냄비 쓰다가 쓰다가
왕구멍 나고 일그러진 것들
할아버지 쌈짓돈
청상과부도 받습니다
쩔그렁 쩔그렁 뒤따르던
코찔찔이 개구쟁이에게 맛뵈기
입에 발라 주면 그 맛에 반해 집에 가서
할머니 고무신, 숟가락, 양은냄비
들킬세라 곁눈질하며 돌아온 아이들
쩔그렁 쩔그렁 탁 엿장수 신이 났네
신이 났네

시간의 전당포

눈이 내리는데
이 길 끝 언저리
요즈음
새로 생긴 전당포엔
시간을 빌리려는 사람들이
장사진을 이룬다지
나도 가 봐야겠네

고무줄 같은 시간
늘였다 아꼈다가
가네! 가네! 길을 가네!

저 건너 포식자
뱀 같은 입을 벌리고

금은보화도 마다하는
전당포엔
육신 하나 떼어 잡혀 놓고
빌린 시간들
더듬이 멀거니 팔푼이가 될지라도
너무나 소중해

하늘과 땅을 하나로 묶어
눈이 내리네!

트럭에 실려 가던 소

소와 인생이 경주를 한다

버스와 트럭이 나란히 달린다
트럭에 실린 소가 멀거니 나를 본다
나는 창 밖으로 연신 눈이 간다
길이 휑하니 뚫려 있다
트럭이 앞질렀다
버스 기사가 크락숀을 울렸다
퀭한 눈으로 여전히 쳐다본다
트럭은 도살장을 향해
버스는 종점을 향해 경주를 한다
저만치 꽂혀 있는 종점의 팻말을 향해
죽기살시로 경주를 한다

게으른 소의 울음소리
슬프다
느릿느릿 걸어도
고삐 풀린 소 누가 당하랴
호랑이와 싸우면
주인의 응원 목소리 힘입어
거뜬히 해치우더란다
주인에게 순종하게 지어졌기에

죽어서도 다 내어주는
저 멍청하고 슬픈 커다란 눈동자

저녁상에 올려놓은 장조림 속
슬픈 가락이
멍청한 커다란 눈동자가

해작이는 메밀꽃 밭머리

둥근 하늘 지붕 위 보름달
지붕 아래 땅
땅 위 올망졸망 초가집들
방 안엔 꿈나라
뜰 안 한잠인 멍멍이
초가집 건너 디딜방아
방앗간 지붕 위 잠에 취한 하얀 박
메밀꽃 피는 언덕
바람난 복순이와 갑돌이 달콤한 밀회 중
메밀꽃 이부자리 펴 주던
달님 입이 헤벌어지고
얼굴 붉히네!

자벌레 삶

쉬임 없이
자질만 하더니

너의 하늘
너의 땅
몇 평이나 될까?

MRI 20분

터널이다
머언 먼 여행을 떠난다
기차는 미끄러지듯
우주로 향한다
파란 물결이 출렁이며
깊은 소에서 신음 소리이듯
우엉하고 신음한다
쟁 쟁 쟁 쟁 소리를 내며
은하수 다리를 건너는 중이다
덜컹 덜컹 식 식 앵앵
움직이지 마세요
낯익은 목소리
아무리 둘러봐도
승객은 오직 나 하나뿐
행선지도 기착지도 선로도 없는
허공을 달린다
초고속으로
달리는 은하 열차
별무리 위를 물 위를
철컥철컥 바퀴 돌아가는 소리
우주는 광활하다 황무지다 폐허다
드디어

어느 간이역

꿈은 사라지고
여기는 세상

흔적

역사歷史의 빗금 위
파리똥 하나
— 인생 —

땡초 중

소금기 밴
빈 전대
노을이 타네!

뱅그르르
동그라미 돌다가
동그라미 속으로
걸어 들어가는

가도 가도
혼돈의 세계

청량고추

입 안에서
불이 났다

아주 화끈한
불

물 끼얹어도
좀처럼 꺼지지 않는
불

젊음을
불사르던
그
불이다

꿈길이다

지나온 길은
꿈속이다!
미래를 꿈 꾸어 보며
현실은 꿈은 아니다
아니 꿈의 일부의 연속이다
지난 풍랑風浪들
창파에 나비처럼 하느작거리기도 하고
스스로 엎어져 코가 깨지기도 하고
눈을 감으면
꿈속
눈을 뜨면
하늘가 아련히 떠오르는
그리운 사람들
삶이란
달콤한 비단길도 험준한 산 넘음도
길 위에서 꾸는 꿈길이다

10월의 마지막 날

흰 구름 한 조각
호마가 되었다가 토끼가 되었다가
휘어진 하늘 자락 걸리고

공중 난무하던 바람
나뭇가지 머리채 휘어잡았다가 튕기다가
천지간은 작별의 손 흔드는 소리

나무는 스스로 옷을 벗어
등산객 등 뒤 햇살을 모아 준다
따뜻하다
웅크린 산허리 보료를 덮어 주는구나
뿌리와 미물과 여린 싹들의 꿈꾸는 소리
잽싸게 도토리 주워가던 청설모 눈치를 보네
그것은 너희들 몫이다
가을 산은 참 따뜻하다
아늑한 둥지다 영원한 집이다

불평 없이 살아 온 세월들이
바람 되어 떠나네!
그대 떠나던 마지막 뒷모습에
젖은 볼 길을 내며 하염없이 흐르던 눈물도
가을 산을 넘어가네!

옥수수

우리
여섯 자매 키우시느라
어머니 등 장등
늘
마른 날이 없으시더니

지금은
밭머리 돌아와
애기 업고
옥수수로 서 계시다

人生

망초 꽃 가라지 밭
개똥참외 맛이다

단가 하면 쓰고
쓰디쓴가 하면 달기도 한

무당벌레

남의 혼 건져낸다고
넋두리 속풀이 한풀이
둥실 둥실 두둥실
춤추더니
제 슬픔에 절어서
다시 태어나도
무당벌레
화려한 날개옷
환상의 꿈을 꾸며
꿈을 꾸며
이 나무 저 나무로
둥실 둥실 두둥실

혼을 찾았는가!

길을 가네

길 떠났네
향방 없는

산비탈 돌아가는
돼지 눈을 하느냐시던
토라져 흘겨보던 철없는 어린 시절

꽃밭에 호랑나비야 날아 날아라!

야생마에 실려
달리던 젊음

물길 따라
세월 따라 휘돌아 흐르던
굽이굽이

만남과 이별의
아픔의 길

강 하구에서 바다로 이어지고
지상에서 하늘로 이어지는
이 길
길을 가네! 길을 가네!
덧없는

경칩

욕쟁이
개구리 아줌마
두 눈 부릅뜨고
겨울은
물러가라 물러가라
쭈욱
뻗어보는 팔 다리
봄볕이 미소 짓는다

돼지 새끼

연하고 부드러운 돼지 목살
밑에 깔고
김치냉장고 김치 한 폭
숭숭 썰어 넣고
김치에 고기 한 점 싸서 입에 넣으며
어머니 생각에 목이 멘다
육이오 동란에 폐허가 된 집터에서
돼지 키워서 여섯 자매 학비 마련하시던
어미 돼지 여섯 마리 새끼 돼지 낳아
벌렁 누워 젖을 빨리던
빨다가 시원치 않으면 이쪽 물었다 저쪽 물었다
어미 돼지 통째로 삼킬 듯!
식사 끝낸 새끼들
돼지 새끼 운동장으로
우르르 몰려 나간다
모두가 뾰족 구두 신고
잘도 달린다
엄마! 야단났어요!
한 마리가 없어요 다섯 마리야요
여섯 마리 다 보이는데

고사 상머리

돼지머리가 빙그레 웃는다
찢어지게 웃는 입에 배추 빛 지폐가 가득
너는 부자다

은행나무 아래

푸르르
푸르르

노랑나비 한 마리
열 마리
아니 수백 마리
날아 앉는다

껍질 벗는 소리
달이 지는 소리

어미 소 찾는
송아지 울음
비탈 길 돌아
고개 넘는다

이별의 아쉬움
눈물
흥건히 고이고

꿈인 양 꿈인 양
젖어드는 음색

가도 가도 끝없는 미로

유용?
무용!
껍질 티끌
알맹이 종점
무 무 무
제로 허무 영
그나마 부활 생명이 있기에
인간이 살아갈 가치가 있는 거라고

푸르르
은행잎 지는 소리
달이 지는 소리
허무를 달래는 소리

여자

태초에
여자는 가이아다
가이아는 지구다
지구는 대지다
대지는 생명이다
생명은 유구하다
유구한 대지 안에 너와 내가 있다
너와 나는 관계다
관계는 사랑이며
관계는 생산이며 가족이며 조상이며 민족이다
여자는 모든 산 자의 어미이고 미래다
모든 언어다 종교다 알파와 오메가다
여자여!
평범하고 위대성을 지닌 너
인내의 승리자여!

산골짝

점잖은 양
의젓한 산
장맛비에
잔뜩 참아 온
오줌보 터졌다
좔 좔 좔
무척 시원하겠다
풀꽃들이 비를 털며
바람에 간드러지게 춤을 춘다

서리 병아리

찬바람에
비실비실
콜록 콜록
양지쪽 창가에
졸다가
꿈속에서 찾아가는
옛집 옛 생각
아!
젊음도 현실도 내일도
모두가 그 모두가
천국을 찾아가는
길목

원

지구는 동그라미다

수평선 큰 원 속에 떠 있는 배
그 배 갑판 위 내가 있었노라고
지구 한가운데 내가 있었노라고
말하자

아프리카에서 한 이십 년 살다 온 친구
자기는
늘 지평선 커다란 동그라미 한가운데 있었노라고

일본인 구사노 심뻬이[草野深平]
겨울잠이란 제목으로
하얀 백지 한가운데 점 하나 찍어 놓고
눈 덮인 황야의 외로운 인생 하나란다

지구 한가운데 있는 나
우주의 중심점에서
내가 도는 것인지 지구가 도는지?
왜 돌고 있는지
동그라미여서 돌 수밖에
돌고 돌아 어디로 가는가?

가시나무

탱자나무
생 울타리 옆을
지나노라니
내 몸이
온통
출혈을 한다.

내 몸
털이
까시시
가시가 되어 돋는다.

면류관 가시 찔림
손바닥 발바닥
방울져 떨어지는 핏방울
로빙 새 되어
호랑가시나무의 설화로 남기고

삶은 조심조심 걸어야 하는
가시밭길이라고
나를 응시하는 까만 눈동자여!

옹달샘

너와집
뒤에 뒷동산
앞에 앞에 앞산
옆에 옆에 옆에 옹달샘
퐁퐁 솟아나는 샘물
들짐승 날짐승 목 축이고
밤이면 별님달님 목욕하고
한낮의 구름도 쉬어 가네

샘물
미네랄 도시락 챙기고
나들이 떠나네!
산골짝 친구들 모여들어
세상이 아름답다 탄성으로 귀가 멍멍해지고
가다가 가다가 도시를 만나네
강물이 되어 검은 기름을 만나
꼼짝없이 죽어가는 친구들 보며
너와집을 꿈꾸어 보네
그러나 바다라는 미래가 있어 힘 있게 달려가네

오기

영광굴비 한 마리

죽은 고기 가시에
찔린
피
한 방울
뚝
뇌리에
번갯불이 번쩍

죽은 놈이
눈을 부릅뜨고
노려본다
노려보면?
불에 얹어 놓으니 익어가는 냄새
군침이 돈다
먹히는 데 의미가 있으니 맛있게 먹어주자
일어서려는데
먹다 남은 조기 대가리 눈동자가!
너 아직 죽지 않았어?
아직도

죽어도 삶 같고
삶도 죽음같이
엉킨 경계선상에서

토종닭

조반 준비차
계란 하나
툭

타닥타닥 익어가는 소리
젊을 때 키우던 병아리 소리가
삐약삐약 소리가
보송보송 솜털이
쭉 뻗어보는 발간 정강이가 보인다.

뒤뚱뒤뚱거리다가
지렁이 발견하고 달려가
형제들과 줄다리기하다가
사이좋게 나눠 먹더니
지렁이 먹고
어미 닭 되어
꼬꼬댁
따스한 계란 하나 쏙

우리 병아리 같던 아이들 자라서
닭이 먼저냐? 계란이 먼저냐?
물었지!

세월은 흘렀지만
지금 대답하마
계란에서 닭이 나오고
닭은 계란 낳고 계란이 먼저 같다.
먼저가 중요한 것이 아니고
이어나가는 연결고리가 중요한 것 아느냐? 아느냐!
우리 이렇게 이어 온
토종닭이란다

감장 콩

감장 콩 두 알
눈동자가
생명이다
얼굴을 그리고 눈동자를 그리면
살아 있는 그림이 된다
호랑이 그림 눈동자는
사람 따라 좌우로 움직이는 것을 보았다
눈동자를 보고 있노라면
살아서 뛰쳐나올 것만 같다
눈사람 만들고 감장 콩알 두 개 박아주자
하느님도 사람을 흙으로 빚으시고 콩알 두 개 박으셨을까?

화가 나 노려보면 총알이 되겠네
육이오 동란 당시
자기는 콩알받이 소대장이었노라 말하던 사람
콩자루 콩 쏟아 붓듯 하던 전장터
깨어보면 중공군 시체를 베고 자기도 하고
감장 콩 한 알에 죽는
비 오듯 쏟아 붓던 전장 속
살아남아서
그 시절 상기하면서
줄줄이 쏟아놓던 이야기

이제는 전설이네

지금은 감장 콩은 영양식

풋잠

문이란 문 다 열어젖히고

덜컹 덜커덩
바람만 장난치는
한여름
낮잠

불가마 화덕

커다란 입 벌리고
나무토막 거침없이 먹어 치운다
활활 타올라
찌꺼기 남김없이 끝내라
남은 재 한 움큼
무성했던 한여름의 꿈마저 다 태워라
하얀 재
풀밭에 버려져
또다시 한여름 꿈 찾아 가거라
변신으로

장마 걷힌 8월

흠뻑 젖은 대지 위
하늘
무거운 수심마냥 털어내고 나서
가뿐히 박차고
저만치 물러난
파란 하늘 시원스레
쓰르라미
악을 쓴다

나의 곳간

채워도 채워도
채워지지 않는
허탈감

가득 채워진들
만족하랴마는

넘치면 곳간을 하나 더 건축하고
그래도 남으면 땅을 사들여
부자가 되고 싶은
끝없는 탐심
훤히 보이는 네 속

그럴까 봐
먹으리 만큼 쓰리 만큼의 여유를 부여하신
하나님께 감사한다
어깨를 가벼이 털 수 있게!

전봇대

밤하늘 별을 등지고
마음의 등불 하나 들고 서 있는 키다리 아저씨

대낮 한잠에 취하면
앞집 강아지가
쪼르르 달려 나와
뒷다리 하나 반짝 들고 실례하고
해 그림자 뱅그르르 길게 돌아가고

으슥한 밤 파수꾼 되어 불 밝히면
곤드레만드레 술 주정뱅이 느닷없이
"이 자식 저 자식"
사람인 줄 착각하고 시비 걸다 주저앉아 잠들고
멋대가리 없는 긴 그림자
외로운 달빛 타고 돌아간다
뱅그르르 돌아간다

시험 문제

산을 가다 금괴를 발견했는데
가지고 가자니 산적이 나타나겠고
황금을 버릴까!
목숨을 내놓을까!
그것이 문제로다
어차피 부조리한 인생이지만

효도를 누가 모르나요?
아내가 시모와 살지 않겠다 하면
어머니를 버릴까!
아내를 버릴까!
당신이라면?

애첩을 버릴까!
본마누라를 버릴까!
드라마는
그것이 문제였다

산토끼 길

오늘도 산행을 한다
일렬로 서서 토끼길 따라간다

미래의 집 숲으로 간다

그 집 살아갈
연습하러 간다
왠지
어머니 품 안같이 따뜻하다

미리 떠난
새들이
당신의 아픔을 깬다

일렬로 서서 산토끼 길 간다
지상에서 하늘로 이어지는 길
연습하러 간다

The rabbit trail

We climb the mountain again today
follow the rabbit trail in one line

Forest is home of our future

To live there
we go to practice
Somehow
It' s as warm as a mother' s bosom

The parting birds
Break your pain

Go along the rabbit trail in one line
Go toward the heavens.

도깨비 감투

마음이라는 놈
도깨비 감투 쓰고
숨었다 나타났다

내 마음 감추듯이
그대 마음 숨었으니
그리운 사람아!

확 깨 버리면
감투 벗어 버리면
말이 아니네!

천둥벌거숭이 유년도
꾹 누르는 현실도
도깨비 감투 속 숨어라

야반의 달빛이
냇물의 돌을 헤아리다 떠날 때
네 모습 보여주라
감추어진 사람 있어
따뜻한 삶이라고!

파리 목숨

日本人 스님 잇사[一茶]
"어허 잡지 마
파리가 손을 빈다
발을 빈다."

나에게 묻는다면
위생상 당연히 죽여 없애야 한다고

아우슈비츠 수용소 유대인 이백만 학살 현장
가스실 보고 돌아 나오면서
파리 목숨보다 못한 인생아!
고개를 떨구었네

육이오 동란 겪으면서
반동이라고 빨갱이라고
죄 없는 약자여
오라버니여
파리 목숨이여
"어허 잡지 마라"
두 손 모아 싹싹 빌고
발을 빌고 있었거늘

목성 나이

우리 여섯 자매가 한자리 모였다
동생이 나에게
왜 나이를 마구 주워 먹느냐?
언니 때문에
저마저 나이를 자꾸 먹는다나?
내년부터 떡국 먹는 것 삼가란다

그럴 거 없다고 말한다. 나는
물구나무서서 살면 해가 거꾸로 돌지 않을까?
아니면 목성에 가서 살지 뭐
목성 일 년이 지구 11년에 해당한다나 봐

가 봐!
거기는 죽어야 가지! 아마도

와하하
방 안은 웃음바다
밖은
하늘을 향해 꽃봉오리 밀어올리는 봄
저 피고 지는
찰나의 세월 뒤 세월 뒤에는
고요와 무량의 세월

건너 건너서 어딜까!
나이만 자꾸자꾸 먹어 가는데

거짓말

입에 침이나 바르고 말해
그런 거짓말은

달걀귀신
우물가 처녀귀신
학교 화장실 빨간 망토 귀신
제삿날 조상이 밥을 자시고 갔다고
새빨간 거짓말이야
부도수표
가짜어음
거짓말도 도가 넘으면 수준급
중국산이 국내산 둔갑해
요리조리 밥상머리
올라앉네

피치 못해 한 선의의 하얀 거짓말
꼬마의 예쁜 거짓말
파란 하늘 아래
새끼손가락 걸던 그 맹세
이제 와 보니

지우개로 지워진
하얀 거짓말이야
거짓말이야

시간의 오차 1

잿빛 겨울 문턱을 성큼 넘어
하얀 새해 새아침
태양은 새 길을 내려 하네

해야
역방향 방향 바꿔 봐
한 십 년 젊어지고 싶구나
너를 따라 마음 두고 몸만 가니

일개미로 살다가
허리 휘어지다가
귀뚤이로 노래하다가
귀뚤이 다리가 부러워
벼룩이 다리가 부러워
텅텅 뛰어 보고 싶구나
사막에 밤하늘
유난히 푸른 별을 헤아리며
기착지에서
안일한 잠을 청하면서
이것은 시간의 오차다
이렇게 달릴 수가

카프카의 우화는
막다른 골목 쫓기던 쥐
방향 바꾸다가
고양이가 낼름 하고 끝나더라

시간의 오차 2

자벌레 되어
시간을
자질하다가
아껴 쓰다가
아예 뭉겨 버리다
내쫓기어
내가 시간이 되어
네가 시간이 되어
줄다리기 하면
고무줄 같은 시간 위에서
너와 나는 구르고 있구나
대굴대굴 구르다가
너는 바람 나는 풀잎
팽팽한 고무줄 튕겨 나가서

닮은꼴

어머니
내 어찌 이렇게도
당신을 닮았습니까?
당신이 웃으시던 모습으로
내가 웃고
당신께서 쓰시던 말
내가 쓰고
제일 싫어하던 그 모습 속에도 내가 있고
그리움 속에 내가 있어
어찌 그리 나를 복사해 놓으셨는지요!
지금
어머니 시린 가슴과
아버지 잃고 눈물 보이지 않으시던
그 모습까지
꼭 닮아서
지금 나는 당신의 거울을 보는 듯합니다

/ 동유럽 기행시 /

뮌헨 1

넷째 동생 동기 춘천 사범학교 출신 교사 20여 명과 우리 여섯 자매가 동유럽 관광차 나섰다. 인천 국제공항을 출발한 지 13시간 정도 소요한 뒤 독일 뮌헨에 도착했다.

우리 부모님 우리들 키우시느라 고생 많이 하신 덕분에 오늘 이렇게 행복한 여행을 떠난다.

기내에서 내려다보이는 스위스의 반듯반듯 자로 그어서 만든 듯한 노랑 초록 들을 내려다보는 사이 뮌헨에 도착했다.

독일 하면 우선 나치정권이 떠오른다.

세계1차대전 발칸반도 수행 중이던 오스트리아 황태자 부부가 암살되자 이에 대한 응징으로 선전포고를 했고 독일이 가담했다.

러시아, 프랑스, 벨기에, 영국, 이태리 등 연합국이 세르비아를 지지했고, 미국이 참전함으로써 독일이 패망했다. 공군은 가질 수도 없고 육군 십만으로 감축된다. 극심한 경제 공황으로 화폐 가치가 폭락하여 경제파탄에 이르게 된다.

여기서 착실한 동생은 꼬박꼬박 저금한 돈이 쓸모없이 되고, 주정뱅이 형은 술병이라도 많아서 동생보다 부자라는 말이 나왔고, 우표 한 장 담배 한 갑 사는 데 돈을 짐으로 지고 가야 할 형편이었다고 한다. 이때 히틀러가 부상하게 된다. 베르사이유 협정 반대를 들고 나온 히틀러에게 매료된다. 이렇게 구성된 나치정권은 세계2차대전 당시 아우슈비츠 수용소 등 유대인 대학살 만행을 저지르기에 이른다.

세계2차대전 당시 66회에 걸친 공습으로 폐허나 다름없는 도시를 주춧돌 위 이백 년 전의 모습을 살려 보건하고 인공적인 것, 자연적인 것, 옛것과 새것의 조화를 이루고 옛 건물은 외부는 그대로 두고 내부만 현대화했다.

지금은 세계가 선망하는 도시로 탈바꿈했다.

뮌헨 2

링 도로에 괴테 상이 있다. 나는 그의 작품 「젊은 베르테르의 슬픔」(열정 때문에 괴로워하다 자살한 청년)과 「파우스트」를 상기하면서 걸었다. 우리시대에 이 책을 읽지 않은 사람은 드물 것이다.

사랑과 낭만이 어우러진 아자 강을 지나 학원가 바에로 국립도서관을 보고 개선문과 1,800 세계 무예인의 거리를 지났다. 자유 광장 세계 최다 첨단 산업의 메카를 지나왔다.

조형물을 그대로 살려 조성한 공원과 사무실, 외각지대에서 출퇴근하는 탓일까, 도시가 한산했다. 자연을 하나도 훼손하지 않고 조성된 올림픽 종합 경기장을 보며 옛것을 아끼고 보존하는 모습을 본다.

1955년 고위위원회 해체, 완전한 독립국이 되었다. 눈부신 경제 기적으로 백만 이상의 동유럽 망명자와 백만이 넘는 다른 유럽 노동자를 받아들였다.

이차세계대전 후 러시아의 영향권 안에 들었던 것을 우리는 기억할 것이다. 소련과 비슷한 체제를 갖추고 사회주의 통일당이 지배했었다.

1989년 동독은 민중들이 자유를 갈망했고 헝가리와 오스트리아가 국경 장벽을 철거하자 수천 명이 헝가리를 경유, 오스트리아를 통과, 서독으로 넘어갔다.

1989년 11월 9일 국경 개방 시민의 여행 자유 선언

1990년 2월 동독 지도자는 서독과 통일하기를 바란다고

선언
  1990년 3월 18일 자유선거, 기독교 민주당 의회 최다석을 이룬다.

오스트리아에 가다

겨울 내내 눈이 오고 2주 정도만 해가 난다. 합스부르크 왕가가 640년간 통치한 나라이다.

현재 한국인이 2,000명 정도 살고 있다.

국토의 3분의 2가 알프스 산맥 지역이며 울창한 산림과 2,000개의 호수의 나라다. 동부를 다뉴브 강이 흐르고 해발 1,000미터 미만에는 활엽수 마로니에가 주종을 이룬다. 우리가 갔을 때 어디에 가나 마로니에 꽃이 활짝 피어 절정을 이루고 있었다. 해발 1,000미터 이상은 가문비나무를 주로 하는 침엽수(낙엽송, 전나무, 불가시나무) 지대이다.

선사시대부터 교통의 요지로 민족의 이동이 심했다.

이곳 사람들은 예술성이 뛰어나고 유머 감각이 뛰어나 많은 음악가를 배출했다. 하이든, 모차르트, 베토벤, 슈베르트, 요한 스트라우스 2세 왈츠 곡으로 유명하다. 또한 쇤베르크는 혁신적 기법을 발달시켰다.

국민의 90%가 가톨릭이며 고딕 양식의 성당과 로코코 양식의 교회가 많다. 우리는 합스부르크 왕가 쇤브른궁 정원 내부와 궁전 내부를 관람했다.

마리아 테레지아 초상화 앞에서 만감이 교차했다. 신성 로마 황제 대공카롤 6세가 아들이 없자 맏딸 마리아 테레지아에게 오스트리아, 헝가리, 보헤미아 왕으로 옹립했다. 사위 프린츠 1세에게 서부와 남부 지방을 맡겨 신성 로마제국 황제가 되었다. 프린츠 스테판과 마리아 테레지아 사이에 16남매를 두었다.

그녀는 총명하고 능력 있는 여자였다. 나라를 부강시키고 국토를 넓혔다. 그녀의 막내딸이 저 유명한 마리 앙투와네트로 프랑스 루이 16세 비운의 왕비다.

마리아 테레지아의 열여섯 자녀 중 막내인 마리 앙투와네트는 프랑스 루이 16세와 결혼을 했다.

앙투와네트는 너무 사치했고 혁명군과 타협하지 않고 외세의 힘을 빌리려 하자 반역으로 몰아 루이 16세와 단두대의 이슬이 된다.

왕비가 처형된 후 공포 정치의 연속이다가 나폴레옹이 통치권을 잡으면서 혁명이 끝났었다.

나폴레옹이 아들이 둘 있는 죠세핀과 결혼했으나 둘 사이에 아들이 없자 계승자 관계로 이혼을 하고 신성 로마 제국 프린츠 2세의 딸 마리 루이자와 유화 정책으로 결혼을 했다.

나폴레옹 2세를 낳았다. 나폴레옹 1세의 퇴위로 엘바 섬으로 귀양간 후 추종자들이 나폴레옹 2세를 받들었으나 아버지가 워털루 전투에서 패해 세인트 헬레나로 유배, 1821년에 죽자 나폴레옹 2세는 어머니 루이자와 함께 외가인 이 쉔부른 궁전에 합스부르크 왕가에 의해 연금 상태에서 보내다가 18세에 병으로 죽게 된다. 합스부르크 왕가에 의해 공작 칭호를 받게 된다. 그의 석고상이 안쓰럽다.

마리 루이자의 초상화를 보며 인간의 흥망성쇠가 얼마나 덧

없는가를 실감했다. 그리고 끝없는 욕망이 얼마나 허망한가를 새삼 깨우쳤다. 나폴레옹은 영웅이라고도 하고, 어느 평론가는 "그가 남긴 것은 수많은 과부와 고아 뿐이다."라고 했다. 전란이 스치고 지나간 자리마다 그 무엇이 남았겠는가? 목적이야 어디에 있든 간에 결과는 비참했다.

6·25동란의 아픔을 생각하면서 뒤돌아보았다. 마리아 테레지아와 마리 루이자 초상화 앞에서 그들이 이 황궁의 주인으로 살아 숨 쉬는 것만 같다.

이 궁전은 여러 해에 걸쳐 지어졌다. 이슬람 침공으로 중단하다가 다시 건축하고 몇 번을 되풀이하면서 완공했다고 한다. 사오 백 년 된 건축이 위엄을 떨치고 있다.

비엔나의 숲

오월의 숲은 참 아름답다
베토벤이 악상을 떠올리며
늘 거닐었다는 곳

내 친구
이영자 작곡가가
젊은 유학 시절을 보내며
한우석(남편) 대사님과의
사랑의 밀어를 부각하며
거닐던 곳이다

나뭇가지에 바람은 현을 타고
곱게 푸른 오월의 하늘과 숲
마로니에 꽃이 만발해
향을 토하는구나!

새들도 해맑은 공기를 토하며
노래 부르네
수많은 음악가들을 배출하고
오선지에 젊음을 불태우기에 안성맞춤이라
생각하네

황금 밭

알프스 산
만년설을 머리에 이고
슬로바키아 구릉지대
천지간은 온통 유채꽃밭뿐
능선 마루까지
황금黃金물결로 바람에 일렁인다
누군가가
"행복하다"고 크게 외치니
"신은 위대하시다"
칠순의 퇴임교사들
오늘은 초등학생 되어
함박웃음
이 즐거운 날을 기리기 위해
카메라에 담으며
한 사람이 노래 부르면
모두가 따라 부른다
나풀나풀 누가 춤을 추면
갈채를 보낸다
눈을 감으면 틀림없는 나인데
눈을 떠 보면 천국이 펼쳐져 있구나
어머니 우리 딸 여섯 이렇게 행복합니다
하늘에서 보시는지요?

알프스 산

알프스 산자락 구릉지대 굽이굽이
오월 초원을 가로지르면
어디선가 들려오는
하이디의 웃음소리 피어나는
유채꽃 황금 언덕
노란꽃 한 송이
귀에 꽂고
콧노래 불러보니
나는 한 마리 나비여라

다뉴브 강

지구를 반 바퀴 돌아 여기는 다뉴브 강
왠지 낯설지 않아!
내가 자란 북한강변처럼
머리 감는 버들가지
물에 발 담근 잡목들
거울 들여다보는 상수리나무 굴참나무

얼마나 머나먼 여정인가?
한국에서 이곳까지는
누가 예술은 길고 인생은 짧다 했는가?
내 생이 이리도 길다는 생각을 해 보네
지구촌은 어디에 가나 비슷한 얼굴로 다가오겠지만
새삼 그리운 내 고향과 내 뜰
다만 이곳은 너무나 예쁜 집들이
주변 경관을 한 폭의 그림으로 만들 뿐

말 없이 흐르는 강아!
비운의 역사를 묵묵히 지켜봐 온 너
말하라!
삼십년 전쟁, 백년 전쟁, 십자군 전쟁,
나치 독일 히틀러 정복, 나폴레옹, 알렉산더 대왕,
영웅들이 나고 지고 지나간 자리마다

아벨의 피울음
어느 평론가는 말했다 나폴레옹
전쟁의 결과는 많은 과부와 고아를 만들었을 뿐이라고.

슬로바키아

5~6세기는 슬라브족이 정착했으나 970년경 마자루족이 침입해 천 년 간 통치했다. 1918년~1992년 체코슬로바키아 연방국이 되다.

1949년~1992년까지 공산정부였다. 1993년 분리 독립한 나라다.

카르파티아 산맥이 전역에 걸쳐 있고 남서부는 다뉴브 강이 흐르고 저지는 비옥하다. 전나무와 가문비나무가 산맥을 뒤덮고 저지대는 마로니에, 자작나무, 보리수나무, 오크나무가 자라서 아름다운 환경을 이루었다.

우리를 태운 버스는 구릉지대 자락을 끝없이 달렸다. 버스길 노변은 오월 말의 햇살을 머금고 샛노란 유채꽃이 찬란하고 황홀하게 세상을 덮은 듯 아름답기 그지없다. 짧은 말로 어찌 표현하리오. 와! 와! 에서 제서 함성이 터져 나온다. 모두 내려서 카메라에 절경을 담고 다시 버스가 달렸다. 이곳 또한 '사운드 오브 뮤직'의 촬영지라고 가이드가 설명한다.

얼마를 가노라니 구릉지대 발부리 강물에 머리 감는 나무와 오크 나무가 발을 담그고 여유로운 노래 부르는 듯하고 다뉴브 강은 왠지 낯설지 않다. 예술은 길고 인생이 짧다 했는가? 이곳 만리 밖 유럽까지의 여정, 오늘은 내 생이 엄청 길다는 생각을 한다. 그림 같은 예쁜 집 초록으로 채색한 화폭 물안개가 살짝 피어오르고, 내 유년을 보낸 북한강이 아슴푸레 떠오른다. 겨울은 연금 상태이지만 여름은 노출 상태다. 여유롭고

풍만하다. 쓰적 쓰적, 휘적 휘적 생명을 만끽한다. 달리는 버스 내 요한 스트라우스 왈츠곡이 흐른다. 간밤 국립 오페라 하우스에서 관람한, 왈츠를 추던 무희를 떠올렸다. 모두가 감상에 젖은 듯 조용하다.

음악에 푹 빠져들었다. 모두가 행복한 표정들이다. 즐거운 이 시간의 여운이 오래 지속될 것이다.

헝가리 1

헝가리는 9세기 후반 마자루족이 중부에 정착한 후 그 후예들이 국민의 95%를 차지하고 있다. 헝가리 하면 나의 머릿속엔 우선 공산 통치권 하에 있었다는 것을 떠올리게 한다.

우리들이 보고 있는 이곳 영웅광장에는 14명의 기마상이 세워져 있다. 건국 천년을 기념하기 위해 건립한 것이다.

우리는 수도 부다페스트로 향했다. 시내 중심부를 다뉴브강이 유유히 흐른다.

18세기 부다와 페스트는 두 도시가 합병했다. 7개의 다리로 이어졌고, 부다는 역사가 오래 되고 신성 로마제국 때 성채가 축조되었다. 페스트는 다뉴브강 평지로 수해를 자주 입어 개발이 늦어졌다. 부다 언덕엔 헝가리 왕국, 오페라 극장, 과학 아카데미, 페스트는 국회의사당, 공공도서관, 과학, 문학, 예술의 중추기관이 있다.

19세기 개혁기는 자유주의파의 정치 중심지가 되고 교통의 중심지가 되었다.

다른 민족의 점령 대상지거나 망명처가 되었다.

여성의 92%가 직업을 갖고 있으며(아침 6시부터 저녁 6시까지) 탁아소가 아주 잘 되어 있다. 원하는 대로 국가가 뒷받침하여 전 세계 유명한 피아니스트, 문학, 작가, 연구원, 수학자 등 인재를 배출했다. 또한 세계적인 정원사로 유명하다.

헝가리 2

헝가리는 13세기 몽골족의 침입을 받았다. 1526년에는 오스만 제국에 패했다. 동부는 오스만 제국이, 서부 북부는 합스부르크 왕가가 장악, 이중 왕국이 되어 있었다.

18세기 백년 전쟁으로 쇠하여 그 영향으로 오스만 제국의 터키인이 다소 남아 있으나 음식 문화만 받아들였다.

세계1차대전 19세기 보스니아 출신 세르비아인이 합스부르크 왕 계승자를 암살했다. 즉각 선전포고를 했고, 이는 세계1차대전의 발발의 시발점이 되었다. 독일, 불가리아, 오스만 제국이 지원했고 세르비아, 프랑스, 러시아, 영국 등 연합군과 싸웠다.

1919년 공산치하가 되었다. 1956년 대규모 반 정부시위로 89년 자유가 허용된 나라다.

우리는 오페라 하우스 헝가리 공연장을 관람했다.

전신전화국이 세계 최초로 설립되었다. 헬로(내 말이 들리지 않니?)

예술의 전당과 조경사로 유명한 나라다. 겔레르트 온천장 또한 유명하다.

파란만장한 비운의 역사를 지닌 폴란드에서

북쪽은 발트해에 접하고, 서부는 독일, 동부는 러시아, 남부는 오스트리아의 강대국 사이에서 피지배국으로 고난을 겪었고, 지금은 유럽의 산업 중심지다.

겨울은 8시에 해가 뜨고 3시면 해가 진다. 여름은 4시 일출이고, 7시에 일몰이 된다.

쇼팽, 퀴리 부인, 차이코프스키, 요한 바오로 2세를 배출한 나라이고, 많은 미술가와 포스터 디자인으로 명성을 얻고 있다. 슬라브족이며 한국인이 500명 정도 거주하고, 966년 그리스도교를 받아들여 독실한 믿음의 나라다. 로마 가톨릭이며 교회가 15,000개나 되고 18,000개의 종교 교육 기관이 있다. 외세의 지배를 받다가 독립한 후 1940년 공산국가가 되었다가 1980년 비공산 세력이 의석을 확보한 나라다. 14세기 가톨릭파 시해의 암흑 시기를 걸쳐 18세기 오스트리아, 독일, 러시아의 피지배국이 되었다.

1944년 흑사병으로 유럽 인구 2,500만이 사망했다.

유럽 43개국 중 유대인이 가장 많이 거주한 나라이다.

소설가 시엔키에비치 작 「쿼바디스」, 16세기엔 레이 시인(최초 폴란드어로)이 노벨문학상을, 레이몬드는 농민 노벨문학상을 취득했다.

1944년 아우슈비츠 수용소를 설치했다.

독일이 점령한 나라 대부분의 유대인과 정치범, 엘리트, 허약한 자, 동성연애자 등 이곳에서만 250만이 학살되었다.

고도 크라크프 중앙시장 광장 구 시청사가 있고, 노천 카페가 유명하다.

고도답게 신건축이 눈에 뜨이지 않았다. 고딕양식의 성 마리아 성이 눈에 띄었다.

아우슈비츠 수용소 1

이 글을 쓰자니 가슴이 메어 온다.

나치의 인종 말살주의가 빚은 참상이다. 사람으로 태어난 것이 부끄럽다. 세계2차대전 때 유대인이 가장 많이 거주하고 있는 폴란드에 세운 집단 학살 수용소에 우리 일행이 왔다.

1940년 6월 브르노 아우슈비츠에 여러 개의 막사와 4개의 가스실을 설치하면서 유대인 학살의 중심이 되었다. 폴란드계 유대인 소년이 아버지가 독일에서 쫓겨난 데 대한 응징으로 7일 파리에서 독일 대사 부부를 암살했다. 9일 밤 히틀러 정부가 이 사건을 유대인의 국제적 음모라고 발표하면서 전국에서 광란의 유대인 학살 잔치가 벌어졌다. 2만여 명이 수용소로 끌려갔다. 이때부터 나치독일 점령지 전 유럽 유대인 폴란드 정치범 엘리트 등이 끌려와 유대인 6백만이 학살되었다.

3년 이상 이 수용소를 지휘한 루돌프 희스는 뉘른베르크 재판에서 여기서 250만 이상이 처형되고 50만 이상이 굶어 죽었다고 증언했다.

우리 일행은 수용하던 막사를 둘러보았다. 교실만 한 막사 방 가득 노랑 머리카락, 흰 머리카락으로 가득했다. 독일에 보내서 직물 짜는 데 사용했다는데 머리카락이 삐죽삐죽 나온 직물이 전시되어 있다.

또 다른 방에는 안경이 가득했다. 세 번째 방엔 의족이 가득했다. 보물이 숨겨 있을까 봐 바닥을 들쑤셔 놓았다.

다음 방엔 그들이 사용하던 취사도구(냄비)가 가득했고, 그

다음 방엔 신발이 가득했는데, 애기들 신발이 어찌나 마음 아픈지 목이 메었다.

가스실을 돌아 나오며 그들의 영혼이 눈망울만 둥둥 떠 있는 것만 같았고, 살 타는 냄새 같은 것이 배어 있는 것만 같았다.

그 밖에 생체 실험한 사진이 전시되어 있었다. 그들을 처형하면서 쓰던 가스통이 7톤이 나왔다. 가스가 나오고 5분이면 모두 사망하므로 10분이 지나서 문을 연다고 한다. 시체는 피라미드처럼 쌓였다.

아우슈비츠 수용소 2

삭발하고 나체가 되어 가스실로 향하는 사진이 당시의 상황을 말없이 증명해 주고 있다.

소독을 하기 위해서 라고 해서 영문도 모르고 가스실로 들어간 사람들은 5분내에 사망했다. 시체는 소각장으로 보내졌다.

더 기막힌 것은 분류작업이다. 건강한 남자는 강제노동을 위해 뽑았고, 부녀자들은 따로 분류하여 어린아이는 생체 실험용으로, 허약한 자는 따로 분류했다고 한다.

어느 중년 부인이 손수건으로 얼굴을 감싸고 울고 있다. 무슨 사연이 있기에 저리도 슬피 우는 것일까! 어느 중년 신사도 눈이 빨갛게 되어 고개를 숙이고 걸어가고 있다. 가슴이 답답했다. 하늘을 우러렀다.

푸른 하늘에 구름 몇 조각 무심히 떠 있다. 땅에서 아벨의 피울음을 듣는 듯했다. 인간의 잔인함이 어디까지란 말인가.

이문열 작 「사람의 아들」에서 "신은 줄 것을 이미 다 주었다. 그리고 방관자일 뿐이다"라고 한 말이 떠올랐다.

우리나라 거제도 수용소에서 17만 명의 밥을 짓던 커다란 가마솥 여러 개가 걸려 있는 것을 보았다. 그러나 이곳엔 취사의 흔적이 없다. 외부에서 빵 같은 것을 날라 왔을까?

수용소를 지휘한 루돌프 희스가 뉘른베르크 재판에서 증언했듯이 오십 만이 굶어 죽었다는 증언이 타당하지 않을까?

걸어 나오면서 뒤돌아보니 철조망을 촘촘히 두르고 전류를 흐르게 해 놓았다. 한 사람도 놓치지 않기 위해 저리도 철두철미하게 꾸며놓았나 보다. 저들의 만행의 자취를 보며 당시의 상황이 눈에 선하다. 총을 메고 있는 독일 병정 앞에 동물만큼도 취급당하지 못한 그들을 생각하며, 우리의 과거를 떠올렸다. 일본 순사의 장칼 앞에서, 인민군 총 앞에서 우리는 얼마나 나약했던가!

체코의 수도 프라하 1

동구東歐의 파리라고 하는 프라하는 고색 찬연한 중세 도시와 21세기를 간직한 도시다. 고딕 양식, 바로크 양식, 르네상스 양식의 건축 박공지붕으로 되어 있는 중세 도시 건축을 한자리에 모아 놓은 듯하다.

언덕에서 내려다보니 도시의 아름다움이 한눈에 들어왔다.

6세기 무렵 슬라브인이 이주해 와서 9세기 프라하 성을 축조했다.

14세기 카를 4세가 프라하 대학을 설립했다. 오스트리아 통치국이다.

신성 로마제국 황제 카를 6세가 너무 국가가 방대해지자 보헤미아왕국을 마리아 테레지아에게, 서부와 남부를 사위(마리아 테레지아 남편) 프란츠 1세(오스트리아 황제)에게 이렇게 나눠서 이양했다.

파추라파 광장에서 죽 가다 보면 구 시가지가 나온다. 구시가지 광장엔 전형적인 고딕양식의 구 시청사가 있다. 바츨라프 광장과 함께 삼십 년 전쟁의 역사의 현장이다. 킨스키궁전과 틴 교회와 구 시청사가 아주 인상적이다.

삼십 년 전쟁, 보헤미아에서 로마 가톨릭과 루터파만 인정하고, 중남부 칼뱅파와 프로테스탄트를 인정하지 않았고, 프라하 대주교가 프로테스탄트 교회를 파괴하도록 명령한 것이 발단이 되어 구 황궁 이층으로 침입한 프로테스탄트를 황궁 2층에서 내어 던짐으로 이에 대한 저항으로 일어났다. 덴마크,

스웨덴에 이어 프랑스가 참전, 전 유럽으로 확산되어 삼십 년간의 전란으로 보헤미아 왕국이 쇠퇴하게 되었다.

우리는 지금 그 역사의 현장 앞에서 구 황궁 이층을 바라보며 그들이 신대륙(아메리카)으로 가게 된 동기를 생각해 본다.

체코의 수도 프라하 2

카프카는 세계2차대전 후 세계적인 명성을 얻은 체코 작가이다. 삼십 년 전쟁의 발상지인 구 시청사 뒷길 황금소로 중심에 카프카의 생가가 있다. 그곳에서 주로 문학 활동을 활발히 했다고 한다. 지금은 관광객들을 위한 선물 가게가 늘어서 있다.

카프카의 작품세계는 탁월한 상상력, 초현실주의, 실존주의, 초자연적 불안의 세계이다.

근원적 모호성 모순과 역설적인 것, 일상적인 것을 통해 비극을 표현했고, 논리적인 것을 통해 부조리를 표현했다. 사실적이고 정확한 세부 묘사를 환상과 꿈 같은 분위기에 훌륭하게 결합시켰다. 정신적인 안정을 박탈당한 걱정과 외로움으로 시달리는 세계를 묘사했다.

그레고르(주인공)가 어느 날 몽롱한 꿈에서 깨어나 보니 등은 장갑차처럼 딱딱하고 배는 각질로 된 불룩한 활 모양을 하고 가느다란 여러 개의 다리가 허우적이는 흉측한 벌레로 변해 있었다. 누구나 기겁을 하고 어머니조차 외면한다.

본인은 일상적인 생각에 빠져 있다. 회사에 나가야 하는데 너무 오래 결근하면 안 되는데, 거실에서 가족들이 하는 이야기에 귀 기울안다. 참견하려고 있는 힘을 다해 손님이 와 있는 거실로 나가지만 모두가 놀라고 의사소통도 되지 않는다. 듣기는 듣되 말을 할 수 없는 괴로움 속에 아버지가 던진 사과알이 몸에 박혀 결국 사망한다. 가족들은 홀가분히 여기고 일

상으로 돌아갔다.

사람이 존중받지 못하는 현세를 고발하는 작품이다. 우리는 우리 안에 내재한 벌레를 찾아야 한다. 부조리와 행복은 같은 땅 한 어머니가 낳은 두 아들이라 한다. 부조리한 극한 상황에 달했을 때 그보다 바닥은 없으니 탈출은 행복이다.

죽음도 하나의 구원이라는 말이 성립되지 않을는지?

목욕탕에서 낚시질 하는 광인狂人이 유명하다. 심판, 성, 시골의사, 그밖에 많은 우화와 만리장성 건축 광경을 너무나 소상하게 엮었다.

체코의 수도 프라하 3

프라하에서 인상 깊었던 곳은 파출라프 광장과 구 시가지이다.

이곳은 1989년 프라하의 봄(반 소 자유화 운동)의 현장이며 1989년에는 체코의 민주화를 이끌어낸 벨벳혁명의 현장이다. 체코의 격동기를 지켜본 곳이다.

구 시청사가 1338년에 건립되고 뒤 정원까지 이어져 있었으나 세계2차대전 당시 폭격으로 파괴되고 탑만 남아 있다.

탑 남쪽에는 오늘날 프라하의 상징으로 여기는 천문시계가 있다. 천문시계는 위는 시계, 아래는 달력으로 당시의 우주관인 천동설에 기초했다. 매시 정각에 죽음의 신이 종을 울린다. 그러면 위쪽 시계의 창문이 열리면서 그리스도 열두 제자들이 모습을 나타냈다 들어간다. 마지막에 시계 맨 위 암탉이 울면서 시계가 울린다. 종이 울리는 시간마다 수많은 관광객이 광장을 빽빽이 메운다.

이 시계를 완성했을 당시 세계에서 주문이 쇄도했다. 미국에서도 엄청난 금액으로 주문했다. 이에 시의회에서 회합을 갖고 고유의 것으로 만들기 위해 제작자를 인두로 눈을 지져서 사망하게 했다.

/ 소설 /

되돌이 꽃

연지 곤지 분단장하고 초록 저고리 다홍치마의 신부가 초례청으로 가기 위해 대문을 나섰다. 양 팔 부축을 받으며 명주수건 손집으로 두 손을 덮어 눈언저리에 모으고 조심조심 걷는다. 구경하던 온 동리 사람들이 신부의 아름다움에 경탄한다.

"선녀가 하강한 것 같네. 저렇게 예쁜 색시 감을 어디서 구했지?"

입에 침이 마르도록 야단법석이다.

이 선생이 사진을 찍으려고 카메라를 맞추자 신부는 살짝 곁눈질로 이 선생을 보았다. '영국 신사처럼 생긴 저 미남은 누구일까' 하는 생각을 하며 저으기 마음이 설레었다.

이 선생은 사진 찍느라 신부를 가까이서 볼 수 있었다. 소문대로 신부는 아름다웠다. 신부는 가마에 올랐다. 약 이 백 미터 동쪽에 있는 이 내관 댁으로 향했다. 동리 청년들이 가마꾼이 되어 장난치기 시작한다.

쭉쩡이는 쭉쩡이는
싹이 나지 않는대!
알밤을 따야지

알밤을 따려므나

조군들의 장난은 흥을 더하고 흔들흔들 하는 바람에 신부가 골탕을 먹었다. 신부가 너무 예쁘니 청년들이 신이 나서 장난치고 싶어했던 것이다.

신부는 동란 후 극심한 빈곤으로 팔려와 내시 유경호의 아내가 되는 날이었다. 임시로 동리사람 집에 거하다 오 일 만에 혼례식을 올렸다.

이 내관 댁 건넌방으로 인도된 신부는 몹시 서글펐다. 천리 북녘 낯선 땅에 팔려와 내시와 혼례를 맞추니 마치 꿈을 꾸고 있는 것만 같았다.

그로부터 새색시는 경호 처라는 호칭이 붙었다.

경호 처는 대가족 속에서 일에 매이고 굶주림에서 벗어나 호식하는 즐거움에 늘 생글생글 웃었다.

얼마 후 이 선생의 결혼 소식을 접하며 경호 처는 아련히 떠오르는 그리움을 느꼈다. 그리고 동리 청년들의 장난 어린 소리가 귀에 쟁했다. '알밤을 따려므나' 그 말뜻을 새겨보았다.

문 밖 출입이 통제된 경호 처는 왠지 모르게 가슴이 답답했다. '훨훨 나비처럼 날아 봤으면!' 한숨이 새어 나왔다. 고향을 떠날 때 그녀는 '내시면 어때! 배부르면 그만이지' '배부르고 등 따시면 살지!' 했는데, 배부르고 나니 '흥! 신랑이 있으면 뭘 해 있으나 마나' 하면서 먼 산만 쳐다보았다.

경호는 점잖고 덤덤하게 대했다. 경호 처는 경호에게 짜증을 부렸으나 받아주지 않았다. 모른 척했다.

삼 년의 세월이 흘렀다. 경호 형, 학교재단 이사장의 배려로

이 선생이 뜰 아랫방으로 이사를 온다는 소식을 듣고 경호 처는 느닷없이 가슴이 뛰었다. 이 선생은 안 사람을 처가에 맡겨 놓고 하숙생활을 하고 있었다. 가족을 데리고 경호네 집에 오게 되는 것이다.

경호 처는 외부와 차단된 생활에서 헤어날 수 있으리라는 생각을 했다. 이 선생에 대한 아련한 그리움 같은 것, 또 부인과 친구가 되리라는 생각에 마음이 들떴다. 침울했던 그녀의 얼굴에 생기가 피어났다. 그녀는 이 선생네가 오는 날을 손꼽아 기다렸다.

이 선생이 교편을 잡고 있는 중·고등학교는 육이오 동란이 휩쓸고 간 휴전선 가까이 자리하고 있었다.

이사장의 배려로 친정에 머무르던 혜연은 남편을 따라 내시댁으로 가게 되었다. 두 살 된 딸애를 업고 버스에서 내려 이 선생 뒤를 따라 좁을 길에 들어섰다.

전란으로 마구 베어 젖힌 벌거숭이 야산이, 돌아누운 황소 엉덩이 같았다. 나직이 에워싼 야산, 넉넉한 벌과 큰 도랑물이 흘러 부요로운 동네임을 알 수 있었다. 가을걷이를 끝낸 농촌은 전란의 아픔이 가시고 아늑하고 평온하였다.

혜연은 성큼성큼 걸어가는 이 선생 뒤를 빠른 걸음으로 뒤따랐다.

동산에는 밤나무와 상수리나무가 벌거벗었고 억새가 서걱대고 있었다. 산까치가 이 선생 일가를 반기는 듯 나지막한 소나무 잔가지에 날아 앉으면서 깍깍거렸다. 동산을 돌아 소로를 지나갔다. 개울가를 건노라니 양단치마 저고리가 유난히 번쩍

였다. 흰 저고리 남색 치마의 물그림자가 아름다웠다.

혜연의 시야에 멀바루 삼사 십 호의 초가집이 눈에 들어왔다.

육이오 동란 후 극심한 흉년까지 겹쳤다. 그러나 야산에 에워싸이고 개울물이 흘러 흉년이 없는 이 마을은 그해도 대풍을 이루며 각종 과일이 풍성했다.

이 마을은 원래 이사장 조부(양할아버지)께서 내관설리(내관 우두머리)로 계실 때 휴양차 머물다 임종한 곳이다. 이사장 조부 이 내관은 삼대(현종 · 철종 · 고종)에 걸쳐 임금님을 뫼신 직속내관이다. 높은 학덕과 인품을 갖추어 상감의 신뢰가 두터웠다. 수라도 이 내관이 반드시 감식한 후에야 드셨다 한다. 그가 노년에 병약하여 상감께서

"마음에 드는 궁녀 중 한 사람 택해서 데리고 나가 휴양하라."

하시어 그곳에 휴양차 머물다 노환으로 수를 다하니 애통해 하는 자 많았다 한다.

임종이 가까워졌을 때 고종황제께서 친히 산삼을 하사했다. 산삼 달인 물을 두어 술 넘기고 숨을 거두니 그 소식을 접한 상감께서

"아무리 좋은 명약도 죽음에는 소용이 없더란 말이냐?"

하며 크게 탄식하고 애통해 하셨다 한다. 예전엔 세 개 군에 이 댁 소유가 많았음으로 이 댁 땅을 밟지 않고는 오갈 수 없었다는 말이 나도록 많은 땅을 하사했으므로 많은 땅을 소유했었지만 요즘은 많이 줄었다 한다. 서울에 있는 아흔아홉 칸 집도 팔아서 오십 평 정도의 집으로 줄였다.

이사장 부친(양아버지)은 이사장이 삼십대, 경호가 어릴 때 작고했다.

이 선생 일가를 기다렸다는 듯 멀마루 마을 근처에서

"이 선생!" 하고 소리치면 손을 높이 흔드는 사람은 이사장 아우 유경호였다.

"어서 오십시오. 먼 길 오시느라 수고했습니다."

혜연에게 인사를 하고 이 선생으로부터 아이를 받아 안으며 앞장섰다.

경호는 이 선생과 같은 학교에 근무했다. 형 이사장은 선천적인 내시였다. 그는 원래 내시로 태어났으나 경호는 정상인이었다. 부모가 수술을 시켜서 내시 댁에 논 열 마지기에 양자로 팔려왔다. 경호는 생가의 부모를 평생 원망하며 살았다.

경호는 얼굴이 동글동글하고 귀엽게 눈웃음치면 예쁘장하였다. 서울 명문대를 졸업하고 육이오 동란 때 내시임을 숨기고 군 복무를 마쳤다. 유순하고 의리 있고 예의 바르고 인정 많은 사람이었다.

경호를 따라 황토 맥질한 마당을 지나 대문을 들어섰다. 행랑채는 두 칸 방이 있다. 이사장이 기거하며 손님 접대도 이곳에서 이루어진다. 남쪽 외양간에 커다란 소 두 마리가 눈을 껌벅이며 혜연을 바라보았다. 중문이 있어 거기로 들어서니 남쪽 뜰 아래채에 두 칸 방이 있고 부엌이 달려 있었다. 서쪽에 큰 부엌이 있고 아래윗방이 있고 북쪽 대청마루 건너 건넌방이 있었다.

삼 칸 대청마루에 할머니가 토시 속에 손을 지른 채 혜연을 바라보고 서 있었다. 혜연이 가볍게 묵례를 했다. 경호가

"이 방에 짐부터 놓으시고 인사 드리십시오."
하고 뜰 아랫방 장지문을 열었다. 방 안 온기가 따스하게 느껴졌고 미리 도착한 짐을 풀어서 살던 방처럼 정돈이 되어 있었다.

노할머니가 퇴색한 토시 속에 손을 끼운 채 만면에 희색을 띄우고 서 있고 그 뒤에 중할머니와 이 댁 안살림을 도맡아 하시는 아주머니와 경호 처가 서 있었다.

"어서 와요."
하고 말하자 경호 처가 경호로부터 애기를 받아 안고 마루에 오르며 애기 얼굴에 자기 볼을 비볐다.

"아유 예뻐라!"

혜연이 할머니께 인사를 하기 위해 마루에 오르려는데 이사장 뒤를 따라 이 선생이 중문을 들어섰다.

경호 처는 어쩔 줄 모르고 애기를 내려놓고 자기 방으로 들어갔다. 경호 처는 건넌방을 쓰고 있었다. 이 선생네가 노할머니와 이사장께 큰절을 올렸다. 할머니는

"당분간 밥을 짓지 말아요. 우리와 함께 자시도록 해요. 방에 불을 지펴 놓았으니 따뜻할 거요. 피곤할 텐데 쉬도록 해요."

"고맙습니다."

이 선생은 인사를 하고 이사장 뒤를 따랐다. 혜연은 자기네 방에 들어가 방바닥을 짚었다. '아이 따뜻해' 하고 속삭였다.

"들어가도 돼요?"

경호 처가 방문 앞에 서 있었다.

"어서 들어오세요."

“저녁 식사하러 가십시다.”

혜연은 생긋이 웃으며 들어서는 그 여인의 미모에 매료돼 멍하니 바라보고 있었다. 윤기 머금은 새까만 눈동자가 유리알같이 반짝였다. 하얗게 꿰뚫어 보이는 피부, 마늘쪽 같은 코, 앵두같이 발그레한 입술 사이로 가지런한 하얀 이가 곱게 드러났다. 겉보기에 경호와 경호처가 잘 어울려 보였다.

“어서 가요.”

경호처가 앞장섰다. 대청마루엔 겸상이 차려져 있었다.

노할머니가 혜연을 보며

“어서 올라와요. 이 선생도 빨리 와요.”

중문에 들어선 이 선생은 이 댁 풍습을 잘 아는지라 미안함과 어색함을 감추지 못했다. 이사장이 뒤따라 들어왔다.

“학교 이사장님이시다. 인사 드려!”

혜연이 댓돌에 내려서서 공손히 인사를 했다. 이사장은

“내 집이거니 하고 편히 계십시오. 필요한 것이 있으면 언제고 말씀하세요.”

할머니가 “식기 전에 어서들 들어요.” 했다.

이댁 음식 솜씨는 궁녀였던 노할머니 솜씨가 전해 내려온 덕분으로 뛰어났다.

이사장은 곱살하게 생겼으나 한눈에 내시임을 알아차릴 수 있었다. 첫째 수염이 없었고 어깨가 약간 처지고 꾸부정했다. 얼굴이 하얗고 갸름하고 얇사했다. 다정하면서도 어딘가 모르게 차가운 느낌이 위엄스럽다. 그는 육이오 동란 후 면학의 길이 막힌 이 고장 사람들을 위해 학교를 건립했다. 학덕이 높아 많은 사람들의 존경을 받아왔다. 이 선생은 잠자리에 들자 혜연에게 말했다.

"외시로는 묘지기 말고 이 댁에 내가 유일하게 들어왔으므로 여간 조심스러운 게 아니야!"

"그래요?"

내시 댁엔 외시는 들어갈 엄두도 못 내는 일이었다. 이사장의, 이 선생에 대한 신임이 그만큼 두터웠다. 이 선생은 청렴한 선비의 기상을 지녔다.

아침에 이 선생이 출근하자 혜연은 그동안 밀린 빨랫거리를 모아 놓고 청소를 하기 위해 문을 활짝 열었다.

대청마루에 노할머니가 긴 장죽을 물고 있다가 놋재떨이에 담뱃재를 비우고 있었다. 이때 사십대의 남자가 들어왔다. 두 손을 앞으로 모아 꾸벅 절을 했다.

"마냄 부르셨습니까요?"

몇 마디 말을 주고받으며 돌쇠는

"네! 마냄."

"네 마냄."

연신 꾸벅이며 대답을 했다. 돌쇠가

"그게 저……."

하고 머리를 긁적이자 할머니는 장죽으로 재떨이를 딱 딱 두드렸다. 그리고 호령을 쳤다. 그 위세 당당함에 혜연은 괜스레 기가 죽는 것 같았다.

"그리고 양지머리 서너 조 사오게."

"네 마냄."

그때 이사장이 들어섰다.

"나림, 안녕히 주무셨습니까요!"

"음 그래! 자네 나 좀 보세."

"네 나림."

돌쇠는 이사장을 따라 밖으로 나갔다.

돌쇠와 묘지기는 할머니를 마냄이라 부르고 이사장을 나림이라 부른다. 할머니는 뽀얗고 주름도 별로 없는 깨끗한 얼굴이다. 무척 이지적이었다. 궁녀로서 이 내관에게 선택되어 이곳에 온 지 오래 되었다. 궁중 법도가 몸에 배어 있다. 경호처가 따뜻한 세숫물을 떠 놓으면 가만 가만 걸어나와 세수를 했다. 그리고 조용히 방에 들어가 아랫목에 그림처럼 꼿꼿하게 앉아 토시 속에 양 손을 끼웠다.

혜연은 설거지를 마치고 경대 거울을 닦았다. 시골 공기는 상큼했다.

이사장이 혜연의 방문 앞에서 헛기침을 했다. 혜연이 장지문을 열자 손바닥만 한 유리 조각을 들고 방으로 들어왔다. 손짓하며

"앉아요. 앉아."

하고는 들창가로 갔다. 문 창호지를 오려내고 유리를 붙여 밖을 내다볼 수 있게 해 주었다. 들창 바깥 좁다란 길이 보였다. 벌거숭이가 된 대추나무 노목에 따다 남은 대추 몇 알이 바람에 그네를 뛰었다. 그 너머로 파란 가을 하늘이 드높다. 혜연은 고맙다는 인사로 웃음을 띄우며 묵례를 했다.

경호 처는 호두와 밤을 목판에 가득 담아 들여놓다가

"어머머!"

하며 탄성이다. 영문을 모르는 혜연은 묵묵히 그녀를 바라보고 서 있었다.

혜연네가 이사 오기 이전까지 경호 처는 대문 밖 출입이 통제되었으므로 바깥세상이 자신도 모르게 그만큼 그리웠던 것이다. 그녀의 호들갑스럽게 감탄하는 심중을 누가 헤아리랴?

경호 처는 자신의 미모에 대한 자부심이 대단했다. 하지만 그 미모를 알아주는 이 없음을 안타까이 여겨 거울을 보며 한숨짓기도 했다. 순간 이 선생이 뇌리를 스쳐갔다. 경호 처는 자신을 자책하면서도 또다시 자신도 모르게 그를 생각하곤 하였다.

청소를 마친 혜연은 빨래를 대야에 담았다.

대청마루에 계신 할머니께 "빨래를 어디에서 하지요?" 하고 물으니 경호처가 큰 소리로 대답했다.

"잠깐 기다려요. 할머니 저도 애기 엄마 따라가게 해 주세요."

번갈아 얼굴을 보던 할머니는 경호 처에게 고개를 끄덕여 보였다.

"같이 가요."

경호 처가 빨래를 모아들고 나왔다. 평소에는 이사장 부인이 빨래를 하거나 묘지기 안사람을 데리고 갔었다.

경호 처는 모처럼 만에 놓여난 해방감에 생글생글 웃었다. 내시 댁에 시집온 지 처음으로 하는 외출이었다.

혜연은 그녀를 바라보며

"너무 예쁘다."

하고 말했다. 경호 처는 쌔- 웃었다. 볼우물이 패이고 하얗고 가지런한 이가 드러났다. 그들은 나란히 집을 나섰다.

"이 동산 너머 개울이 있나 봐요."

라고 하며 경호 처가 앞장서서 언덕에 올랐다. 멀리 학교로 가는 꼬부랑길이 산자락에 감기듯이 나 있다. 자연 속에 묻히자 경호 처는 행복감에 젖었다. 상큼한 공기, 서걱이는 갈꽃 속에서 콧노래를 불러본다. 언덕 아래로 폭 삼사 미터 정도 되는 개울물이 흐르고 있다. 개울물은 물 속 모래알을 헤아릴 수 있을 만큼 맑고 차가웠다. 물가에 빨랫돌 서너 개와 앉음돌이 놓여 있었고 조금 아래에 징검다리가 놓여 있었다. 바람에 상수리나무 고엽이 떨어져 개울물에 떠내려가다가 징검다리 사이를 뺑그르르 돌아 나갔다. 혜연이 물에 손을 담그다가

"아잇! 차!"

움츠린 채 앉아만 있었다. 경호 처는 아무렇지도 않은 듯이 빨래를 물에 척척 담그고 난 뒤

"놔둬요. 내가 우리 빨래 끝내고 빨아 줄게요."

하고 가냘프고 하얀 손으로 빨래를 비벼댔다. 경호 처는 혜연보다 세 살 아래지만 일하는 것은 혜연이 따라 갈 수가 없었다. 혜연은 손가락이 얼어 감각이 없는 듯하여 귓가에 가져가기도 하고 입가에 갖다 대기도 했다.

경호 처는 빨래하던 손을 멈추고 혜연에게 말했다.

"날개를 달고 날아 봤으면! 훨훨 날아서 어디로든 가 봤으면! 한 사람을 위해 밥 짓고 빨래하고 애기 키우고 얼마나 행복할까요? 나는 애기 엄마가 얼마나 부러운지 몰라요. 우리 서방님도, 아주버님도 내시예요. 모두 양자지요. 우리 서

방님은 어려서 정상아를 수술을 해서 논 열 마지기에 팔려 왔대요. 육이오 동란 후 계속되는 흉년으로 밭 한 뙈기 없는 우리 식구는 굶주림을 더 이상 견딜 수가 없었지요. 어머니가 돌아가신 후 아버지는 농사도 짓지 않고 술로 소일하시어 장뇌 쌀을 먹다 보니 다음 해는 농사를 지어도 결국 야금야금 땅을 팔아먹게 되었지요. 보리쌀 한 줌 나물에 띄워 끓인 죽은 먹어도 먹어도 배가 고팠어요. 배고픈 설움은 겪어보지 않고는 몰라요. 한번 배불리 실컷 먹을 수 있다면 죽어도 좋겠다는 생각이었어요. 내시댁에 팔려오면 배불리 먹을 수 있다기에 선뜻 아무 생각 없이 팔려 왔지요. 우리 일행 열 명중 가장 비싼 값으로 팔려오고 작은댁에 한 명, 나머지는 서울로 팔려 갔어요."

그녀는 후- 하고 한숨을 몰아쉬고 난 후 다시 말을 이었다.

"참 이상하지요? 처음엔 배불리 먹을 수만 있다면 세상 부러울 것이 없다고 생각했지요. 헌데 배가 부르니 다른 욕망이 나를 괴롭혀요. 신랑이라고 있으면 뭘 해요. 남자가 남자 구실을 못하니……."

"밤마다 공상만 늘어요. 삼 년이 넘도록 독수공방하면서 눈물 흘릴 때도 많아요."

"유 선생님은 같이 주무시지도 않나 부죠?"

"사랑채에서 자요."

"유 선생님 참 좋은 분이시던데……."

"사람이야 더할 나위 없지만은……."

두 사람은 말없이 개울물만 바라보았다. 경호 처가 다시 입을 열었다.

"중할머니는 도망치다 잡혀와 매를 많이 맞아 다리를 절게 되었대요. 한 달을 광 속에 갇혔더래요. 저도 도망치고 싶어요. 하루에도 몇 번씩 그런 생각을 했었는데 애기 엄마네가 오신 후는 그런 생각을 하지 않았어요."

혜연은 경호 처가 안쓰러웠다. 마치 동화 속의 주인공(모모다로)이 도깨비 성으로 쳐들어가다가 도깨비에게 붙잡혀가 개울가에서 빨래하며 울고 있는 여인을 만난 그 장면인 것만 같았다. 도무지 현실이라고 믿어지지 않았다.

"생각하면 우리 서방님도 불쌍해요. 정상아를 강제로 내시로 만들어 팔아버린 생가를 무척 원망하지요. 내시댁에서는 생가를 친정이라 불러요. 선천적인 내시는 흔치 않아요. 흔히들 농촌에서 아이를 집에 두고 밭에 일하러 나간 사이 아이가 똥을 싸 궁둥이에 묻힌 것을 개가 핥아먹다가 밑에 달린 알까지 먹어서 그리 되는 경우도 있어요. 우리 작은댁 서방님 같은 경우지요. 그 외 거의가 정상인을 수술을 하지요."

이 여인의 입으로 내시댁 내용을 세세히 알게 된 혜연은 어쩐지 찜찜했다.

"제가 시집올 때 돌쇠네 댁에 머물렀어요. 분단장하고 대문을 나서는데 이 선생님이 카메라로 사진을 찍어 주셨어요. 너무 멋이 있어 얼마나 가슴이 설레었는지 몰라요"

"어머 그러셨어요?"

혜연이 그녀를 쳐다보자 경호 처는 얼굴을 붉혔다.

집에 들어서니 혜연은 괜스레 죄인 된 심정이었다. '그 댁 내용을 알게 된 사실을 노할머니가 아시지나 않을까!' 하는 생각에서였다.

"이 선생댁!"

하고 노할머니가 부르자 긴장해서

"네."

하고 대답했다.

"왜 그리 놀래요? 빨래에서 물이 뚝뚝 떨어지지 않아요?"

그러고 보니 경호 처 빨래는 물이 떨어지지 않았다. 할머니는 웃는 얼굴로

"내 옛날이야기 하나 하리다. 시어니(시어머니) 빨래는 광이 나는데 며느리는 아무리 잘 빨아도 뽀얗지 않아서 시어머니께 비결을 물었으나 가르쳐 주시지 않았더래요. 그러다가 숨을 거두면서 '뽀드득' 하더래요 뽀드득 소리가 나도록 꼭 짜야 광이 난다는 이야기라우."

"네에!"

혜연은 듣기 좋게 타이르는 할머니의 지혜를 엿보았다.

그날 밤 혜연은 허탈감에 빠졌다. 경호 내외가 잘 어울리는 한 쌍이라 생각해 왔던 이야기를 남편에게 이야기하려 하다가 이 선생이 입을 막았다. 말문을 막으며 주의시켰다.

"쓸데없는 말 함부로 해서 남에게 상처 입히면 안 돼."

"알아요."

혜연은 좀처럼 잠이 오지 않았다. 경호 처 이야기가 다시 떠올라 몇 번씩 뒤척였다.

'얼마나 갑갑해서 날아가고 싶다고 했을까!'

저녁 무렵이었다. 이 선생이 교장 선생을 뫼시고 왔다. 이

선생은 혜연에게

"이봐! 교장 선생님이 오셨어!"

"어머! 그래요!"

"중문 안에서 인사하면 돼."

이 댁 관례상 교장은 대문 밖에서, 혜연은 중문 안에서 인사를 드릴 수밖에 없었다.

"교장 선생님!"

하고 혜연이 허리를 굽혔다. 결혼식 때 주례도 섰고 방문도 해서 서로 아는 터였다.

"애가 많이 컸지요. 생활이 많이 불편하시지요?"

"아니요."

하고 미소 짓고 서 있었다.

"그만 들어가."

하고 이 선생은 교장을 데리고 행랑채로 향했다.

경호 처가 목판 가득 생밤을 담아 가지고 혜연의 방으로 놀러 나왔다.

"이 댁에 웬 밤이 그리 많아요?"

"동산 밤나무에서 몇 섬씩 따서 팔기도 하고 말려서 밤 쌀도 하고 묻었다 꺼내 제사에도 쓰기도 하지요."

경호 처가 애기를 봐 주기 위해 안채로 데리고 건너갔다. 네 여인이 아기를 번갈아 봐 주어서 혜연은 고마웠다.

중할머니가 강아지를 데리고 놀며 웃어대자 경호 처가 입을 삐쭉 내밀었다.

"어이구! 오죽 웃을 일이 없으면 발바리 새끼나 데리고 저리

웃는담. 개새끼 재롱도 재롱이라고!"

혜연은 경호 처의 지나친 행동에 불쾌감마저 느꼈다.

경호 처는 자기가 아이를 낳아서 기르고 싶다는 욕망 때문에 그 불만의 표시였다.

혜연은 밤이 되자 애기를 데려오기 위해 안채로 건너갔다. 아이는 이 할머니 손에서 저 할머니 손으로 옮겨가며 재롱을 부렸다. 할머니가 자리를 펴는 것을 보고 아이를 데리고 나오려는데

"아직 자지 않으니 그리 좀 앉아요."

아이는 좋다고 방을 맴돌았다.

"할머니 이불이 너무 얇지 않아요? 춥지 않으세요?"

"궁중에서 얇은 이불을 겹으로 덮었다우. 두꺼운 이불보다 얇고 가벼운 것을 두 겹으로 덮으면 더 따뜻한 법이라우."

"그렇군요."

할머니는 연두색에 빨간 깃을 단 얇은 이불 위에 자주색 명주 이불을 겹으로 덮었다.

학교에서 돌아 온 경호는 신문지로 싼 책 한 권을 혜연에게 주었다. 고르끼가 지은 『첼카슈』였다. 혜연은 너무 고마워 눈시울을 적셨다. 경호의 처지를 생각하니 참 안쓰러웠다.

저녁 설거지를 마치고 이불을 깔기 위해 방걸레질을 하는데 경호 처가

"애기 엄마!"

하고 방에 들어섰다.

"어서 들어와요."

“김장 걱정되지요? 김장하지 말래요. 함께 담가줄 테니 거들기나 해요.”

“아유! 고마워요. 걱정하던 참이었어요. 엄두도 못 냈는데 노할머니께 감사하다고 전해 주세요.”

그때였다. 이 선생이 방문을 열고 들어섰다.

경호 처는 불덩이가 온몸으로 번지는 것을 느꼈다. 가늘게 떨고 있음을 혜연은 눈치챘다.

이 선생은 난처한 얼굴로 머뭇거리다가 돈을 조금 꺼내 들고 이내 나갔다. 장난 삼아 고스톱 치다가 돈이 모자라서 들어왔었다. 경호 처는 상기된 얼굴로 혜연에게 말했다. 마구 뛰는 가슴을 억누르며

“내 가슴 뛰는 것 좀 손 좀 대 봐요.”

하고 혜연의 손을 자기 가슴으로 끌어당겼다. 혜연은 할 말을 잊었다.

그저 물끄러미 그녀를 바라보았다.

잠시 침묵이 흘렀다. 경호 처가 눈을 반짝이며 호기심에 찬 말로 혜연에게 물었다.

“애기 엄마 잘 때 어떻게 자요?”

“네? 누워서 자요.”

“아이 그게 아니구요. 아랫목에 누가 자느냐구요?”

“음! 애기 아빠요”

“그 다음에는요?”

“나요. 내가 자요. 다음에 애 눕혀요. 왜요?”

“그럼 한 사람은 머리를 이쪽으로 두고 나머지는 저쪽으로?”

"아니오. 나란히 꼭 껴안고 자요."

"아유 망칙해."

그녀는 홍당무가 된 얼굴을 두 손으로 감싸고 도망쳐 나갔다.

'그들은 서로 반대 방향으로 머리를 두고 자는가? 아니, 경호(유 선생)는 사랑채에서 한 번도 건너와 자 본적이 없다고 하지 않았는가?'

혜연은 고개를 갸우뚱거리며 생각에 잠겼다.

경호 처의 잔잔한 가슴에 불이 당겨졌다. 그날 밤 경호 처는 혜연의 방에 불이 꺼지자 야릇한 기분에 숨이 멎는 듯한 충격을 받았다. '누군가의 힘센 팔에 안겨 봤으면!' 그것이 이 선생 팔이 되는 꿈을 꾸어 본다.

'꼭 한 번, 한 번만 안겨 봤으면…….'

하고 돌아누웠다. 몇 번 뒤척이며 잠을 이루지 못했다.

그로부터 경호 처는 잠자리에 들면 으레 야릇한 공상 속에 빠져든다.

이 선생과 짝두가 되어 산을 넘거나 따뜻한 품 안에 잠기는 꿈을 꾼다.

"나란히 꼭 껴안고 자요."

그 소리가 귓가에 쟁-했다.

어느 날 밤이었다. 혜연은 다림질을 하고 있었다. 그 때 경호 처가 방문 앞을 지나가고 있었다. 혜연의 방에서 새어 나오는 말에 신경이 집중되었다. 이 선생이 나직이 말한다.

"그만 자자."

"다 끝내 가요."

혜연은 하던 일을 미루어 놓고 이 선생 곁으로 가고 있었다. 옷 벗어 개키는 소리가 들렸다. 불이 꺼졌다. 호흡 소리가 들리는 것만 같았다. 경호 처는 흥분한 나머지 떨리는 가슴으로 발자국 소리를 죽이며 대문 밖으로 정신없이 나갔다. 밖 마당에서 찬바람을 쐬며 마음을 가라앉혔다. 뭇 별이 쏟아져 내리는 밤하늘을 우러렀다. 달빛마저 싸늘히 비웃는 듯했다. 첫눈으로 하얗게 덮인 밤의 풍경에 더욱 얼어붙는 외로움을 달랠 길 없었다.

경호 처는 방으로 들어가 이불을 뒤집어쓰고 파고드는 외로움을 어금니를 물고 참았다. 경호 처가 공상에 빠져 경호가 자기 방에 들어온 것도 몰랐다.

"이봐요. 여기 있던 책 보지 못했소?"

경호 처는 갑자기 경호 바짓가랑이에 매달렸다.

"오늘밤 제 곁에서 주무세요. 나가지 말아요."

경호 처 눈에 눈물이 고였다. 경호는 하는 수 없이 붙잡혀 둘이 나란히 누웠다. 이런 저런 이야기로 밤이 깊어서야 경호가 먼저 잠이 들었다. 경호 처는 남편이 깊이 잠든 것을 알고 바지 속으로 손을 넣어 쓱 훑었다.

잡히는 것은 아무것도 없었다. 그 순간이었다. 경호 처의 눈에서 불이 번쩍 했다. 경호는 하부에 대해 원래 신경이 날카로웠다. 경호가 따귀를 갈기고 발로 마구 걷어찼다. 경호 처는 악을 쓰며 맹수같이 변한 경호를 밀쳤다. 사생결단으로 겨우 빠져 나온 그녀는 뒤꼍 장독대 옆에 엎드려 울었다.

경호는 밖 마당으로 뛰쳐나갔다. 둥그런 보름달을 쳐다보며 두 볼에 눈물이 한없이 흘렀다. 생가의 부모를 그토록 뼈저리게 원망해 본 적이 없었다.

'그렇다 너도 불쌍하다. 가겠다면 보내주리라.'

그렇게 다짐하니 속이 후련했다.

뒤곁 장독대도 달이 밝다. 허망감이 엄습했다. 추위도 잊은 채 울었다.

그녀는 갑자기 일어섰다.

"흥! 도망갈 테니 두고 봐."

하고 땅바닥을 발로 찼다. 눈물을 쓱쓱 닦아버리고 발을 찍 찍 끌며 고개를 치켜들고 자기 방으로 들어갔다.

여자의 본능은 아이를 낳아서 기르고 싶은 바람이 있다. 그 갈망 때문에 마음에 깊은 골이 더 깊어갔다. 경호 처는 세상과의 단절감, 아이에 대한 절망감이 엄습해 잠을 이루지 못했다.

이 댁 문성이는 진종일 물을 길었다. 혜연네 항아리까지 한 초롱씩 채워주었다. 혜연은 미안해서 세숫물도 아꼈다. 안채 부엌엔 아침이면 큰 가마솥에 물이 항상 설설 끓고 있었다. 경호 처는 아침마다 이 선생의 세수 시간을 맞추어 대야에 세숫물과 양치 물을 떠다주고 도망쳤다. 이 선생도 그 사실을 알고는 있었다. 또 경호 처는 더운물이 식기 전에 애기를 데려다 목욕을 시켜 주므로 혜연은 무척 고마워했다. 혜연은 들통에 물을 조금 담아 가지고 왔으나 너무 힘들었다. 그것을 본 노할머니는

"애기 엄마! 지게를 져 봐요."

경호 처가 한마디 거들었다.

"그래요. 훨씬 쉬울 테니까."

"그럴까요?"

혜연은 지게를 지고 논두렁을 지나 우물가로 갔다. 온 동리 사람들이 먹는 이 우물은 이사장이 사람을 시켜 만들었다. 양철 지붕으로 비가 맞지 않게 하고 시멘트로 주변도 깨끗하게 잘 다듬었다. 혜연이 물을 반 초롱씩 담아 지게를 지고 일어나려는데 중심을 잡을 수가 없었다. 몇 미터도 못 가서 물이 출렁거려 한쪽으로 쏠리는 바람에 논바닥으로 구르고 말았다. 온몸에 물과 흙탕을 뒤집어쓰고 집에 들어서자 경호 처가 깔깔거리고 웃어댔다. 온 가족이 따라 웃었다. 그날 밤 혜연은 남편에게 말했다.

"더 이상 시골살이 못하겠어요. 서울에 가면 수돗물에 빨래하면 얼마나 쉬운데 빨래하려면 오 리 길은 가야 따뜻한 샘이 나오는데, 오고 가는 길에 귀가 다 얼어 빠져요. 손도 시리구요. 서울 가면 연탄불에 물이 끓고 얼마나 편리한데요, 방도 식지 않고……."

"조금만 더 참어! 방학하면 그 다음날로 가자!"

혜연은 눈시울을 적셨다. 물이 얼마나 귀한가를 처음 체험했다.

혜연은 마당 가 대추나무 밑에서 경호와 마주쳤다.

"책 고맙게 잘 읽었어요. 주인공이 참 멋이 있어요! 너무 감명 깊게 읽었어요."

"그새 다 읽으셨습니까?"

"그럼요. 단숨에 다 읽었답니다."

"책을 많이 읽으신다고 들었습니다."

"일본어로 된 책을 주로 많이 읽었지요. 나쓰메 소세끼가 지은 「풀 베개」는 지금도 다 외우고 있어요."

하며 외워 보였다.

"知的이면 모가 난다. 情에 삿대를 저으며 떠내려간다. 意智를 관통하려면 거북살스럽다. 여하간 이 世上은 살기 힘들다. 그러나 살기 힘들다고 옮기면 그곳 역시 마찬가지다. 돈은 탐난다. 그러나 쌓이면 잠자리조차 불편할 것이다."

"책 한 권을 다 외우십니까?"

"그럼요"

혜연은 경호와 책을 통해 무척 가까워졌다. 그 후 『기미노나와』를 사다주었고 『닥터 지바고』 상 · 하권을 받았다.

아침부터 김장을 하느라 부산했다. 대청마루에 여자들이 둘러앉아 배추에 속을 넣고 있었다. 경호 처는 매를 맞은 척도 않고 아무 일도 없었다는 듯 일을 했다. 경호 처는 미나리 비슷하게 생긴 고수를 김치 속과 함께 싸서 먹으며

"아! 맛이 있어요. 애기엄마 쌈 잡숴봐요."

하고 혜연의 입에도 넣어 주었다. 혜연은 역한 냄새에 억! 하고 뱉었다. 모두 깔깔거리며 웃었다.

"처음 먹는 사람은 잘 못 먹어요."

"길들여지면 싱그럽고 맛이 있어요."

"빈대 냄새가 코를 찔러 역했어요."

다른 여자들은 모두 잘 먹고 있었다.

고수란 원래 성욕이 감퇴한다 하여 금강산 중들이 즐겨 먹었다고 전해온다. 동치미나 김치 속에서 삭으면 역하지 않고

싱그럽다고 한다.

성큼 추위가 다가왔다. 제삿날이 가까워 오므로 돌쇠가 장작을 패고 있었다. 이 선생은 학교에서 돌아오자 상의를 벗어 놓고 돌쇠에게 다가갔다.

"이리 주시오. 내가 장작을 팰 터이니 다른 일 보슈."

이 선생이 장작을 패는 모습을 보고 경호 처는 애기를 데리고 문 밖 장작 패는 마당으로 갔다. 경호 처가 장작 패는 이 선생을 바라보고 서 있었다. 이 선생과 눈이 마주치자 그녀의 불꽃같이 하소연하는 듯한 눈길에 이 선생은 당황한 듯 장작만 패고 고개를 들지 못했다. 경호 처가

"애기야 나 잡아 봐!"

하며 뛰는 시늉을 하자 아이는 키득키득 웃으며 경호 처를 따라갔다. 이 선생은 얼마 동안 장작만 패다가 장작 패던 손을 놓고 자기 방으로 향했다. 경호 처는 장작을 패는 그의 모습이 멋이 있어 보여 한없이 마음이 설레었다.

제사 전날이었다. 돌쇠가 댓돌 아래서 인사를 했다.

"마냄 부르셨습니까요?"

대청마루에서 자줏빛 토시 속에 양손을 넣고 앉아 있던 노할머니가 "왔나!" 하며 반가워 했다.

그때 이사장이 중문을 들어섰다. 제사에 쓰기 위해 장 봐올 것을 하나하나 지시했다. 돌쇠는 연신

"네 나림, 네 나림."

하면서 허리를 굽혔다. 돌쇠가 나간 뒤 뒤뜰에 키우던 닭 십여 마리가 도살되었다.

제삿날이 되었다. 아침 일찍 묘지기네로부터 떡이 도착했다. 이웃 사람과 묘지기네와 이 댁 안식구들이 모여 음식을 만드느라 떠들썩하고 간간이 웃음소리가 새어 나왔다. 사랑채에서는 잣, 밤, 대추, 호두, 찐계란 등 제수를 괴고 있었다. 한 자 반 높이라고 한다.

땅거미가 깔리자 안마당에 화톳불이 활활 타올랐다. 문성이가 얼굴이 벌겋게 불을 쪼이며 장작개비를 올려 놓았다. 화톳불은 온 집안을 환하게 밝혔다. 이윽고 검은 도포를 입고 갓을 쓴 내시들이 대청마루 젯상 앞에 속속 모여들었다. 내시들 중에 상을 당한 사람들은 흰 도포를 입고 댓돌 아래에 있었다.(죄인이라는 뜻에서라고 했다)

이사장이 들어오자 두 줄로 섰다. 제사를 지내는 동안 화톳불은 더욱 활활 타오르고 한밤의 어둠은 향내음 그윽한 가운데 깊어갔다.

제사가 끝나고 젯상의 음식 탑이 헐어져 뜨락이며 사랑채 바깥마당까지 온 동리 사람들이 모여서 음식을 먹고 있었다. 이사장과 할머니는 혜연네를 안방으로 인도했다. 외시를 안방에 들이는 일은 유례 없는 일이었다. 이사장은 혜연이 불편해 할까 봐 사랑채로 나갔다. 노할머니와 중할머니 두 분이 음식 상 앞에 있었다. 경호 처가 음식을 나르며 밝은 표정을 지었다.

"아가야."

하고 아이를 데리고 이 선생 곁으로 갔다. 이 선생은 아이를 무릎 위에 앉혔다. 혜연이 상머리에 앉으며 말했다.

"제사를 상당히 성대하게 지내시네요."

"지금은 많이 간소화한 거지요. 그전엔(이 내관 생존 시) 평소에도 소를 잡아 가마솥으로 하나 가득 끓여서 이곳을 오가는 사람은 아무나 와서 실컷 먹고 갈 수 있게 했지요. 제삿날은 언제나 온 동리 사람들을 대접해 왔어요."

동리 사람들은 고깃국을 실컷 먹는 제삿날을 손꼽아 기다리기도 했다.

경호 처는 이 선생에게 음식을 권하면서 한량없는 기쁨에 젖었다. 잠자리에서 이 선생을 떠올리고 잠을 이루지 못했다.

쌓인 눈이 녹기도 전에 또 내렸다.

눈 속에 갇히면서 혜연은 빨리 서울로 되돌아가고 싶었다. 방학할 날만 손꼽아 기다렸다. 경호가 혜연에게 물었다.

"방학이면 가신다구요?"

"네, 아이 두 돌이 일월 이일 날이에요. 부모님이 기다리실 거예요."

"부모님보다 애기 엄마가 부모님이 더 보고 싶으신 거겠지요."

두 사람이 이야기를 나누고 있는데 손님이 찾아들었다. 눈 속에 찾아온 나그네는 경호 처의 친정아버지였다. 갑작스레 들이닥친 손님에 여자들은 음식을 장만하느라 부산했다. 얼마나 보고 싶었으면 이 눈 속에 찾아왔을까마는 경호 처는 기쁨을 감추고 내색을 하지 않았다. 큰방에 상 가득 음식이 차려졌다. 닭을 잡아 볶아 놓고 노할머니하고 이사장만 따로 두고 드리는 음식까지 있는 대로 다 내놓았다. 경호 처는 고향 소식이 궁금했다.

"친정아버지 진지는 제 손으로 담게 해 주세요."

"그러려무나 그래! 그렇게 해."

이사장과 경호 처 친정아버지가 사랑채에서 건너왔다. 그는 넉넉한 이 댁 살림을 보고 매우 만족스러운 표정이었다.

온 가족이 방 안에 둘러앉았다. 이사장이

"자 어서 드십시다."

하고 권했다. 노할머니가

"찾아오시느라 고생 많으셨지요?"

"아니오. 철없는 여식을 잘 거두어 주시니 매우 감사합니다."

객은 무척 시장하여 많은 음식에 침을 꿀꺽 삼켰다. 경호 처는 한마디도 하지 않았다. 친정아버지를 얼마나 원망했던가! 경호 처 친정아버지는 주발 뚜껑을 여는 순간 얼굴이 사색이 되었다. 빈 주발이었다. 일부러 밥을 담지 않았다. 경호 처가 남편이 실속 없는 빈 껍질임을 친정아버지께 암시한 것이다. 친정아버지는 딸의 뜻을 직감했고 온 가족이 그 뜻을 알아차렸다. 친정아버지는 가슴을 에는 아픔을 억누르며 빈 주발을 뚫어지게 보다가 슬며시 숟가락을 놓고 일어섰다. 방 안은 찬물을 끼얹은 듯한 냉랭했다. 경호 처는 도망치듯 밖으로 나갔다. 그리곤 자기 방으로 들어가 울었다. 눈물을 닦으며 쫓아 나갔다. 멀바루 사라져 가는 뒷모습을 지켜보며 흐느껴 울었다. 밥을 담지 않은 빈 주발, 그 빈 주발로 자기의 고통스러움을 알렸지만 식사도 못하고 눈 길 천리 길을 떠나보내며 '이것이 마지막이 되지 않기를' 하고 빌었다. 얼어붙은 자기 마음을 자책하면서 한없이 흘러내리는 눈물을 닦으려

하지도 않았다.

날씨가 매우 추웠다. 산과 들이 설경으로 변했다. 이사장은 몇몇 사람들을 데리고 사냥을 나갔다. 산토끼 한 마리를 잡아 왔다. 때로는 멧돼지, 꿩 등을 잡아오기도 한다. 산비둘기라도 한 마리 잡아오면 반드시 이 선생을 불러 술을 한잔씩 나누었다.

이사장은 학덕과 지성을 겸비한 고고한 선비였다. 학교를 건립했고 지역 발전에 기여한 공이 컸으므로 많은 사람의 존경을 받았다. 골동품을 많이 소장했고 난초 기르기를 즐겼다. 동생 경호는 순수하고 의리 있고 인품이 원만하여 따뜻하고 정이 많았다.

혜연은 잠자리에 들면서 이 선생에게 말했다.

"여보! 잠들었어요?"

"응! 아니."

"경호씨 참 좋은 분이야요."

"그럼 인정이 많지."

"참 이 댁에 족자 걸려 있는 거 보았어요."

"그거 상당한 고가품이야."

"육이오 동란 피란 갈 때 그림만 갖고 다녔대요."

"그리고 할머니가 다락에 있는 골동품을 구경 시켜 주었는데 상감께서 중국 황제가 선물한 반닫이를 하사한 것이라는데 연꽃 무늬가 화려하고 참 좋던데요. 은촛대 트로피 같은 하사품이 상당히 많았어요. 그림도 살 없는 부채에 그려진 그림이 상당히 많아요. 낙관 찍힌 사람 이름에 따라 값이 다른가 봐요. 할머니가 일일이 보여주며 설명하셨어요. 부채 그림 한 점 주시는 거 받지 않았어요."

"좋은 구경했구나."

"그림은 붕어 그림도 있고 산수화가 많았어요. 아 참, 그리고 경호 처와 같이 팔려 온 영숙이 아시죠?"

"응, 이 댁 작은댁에 갔는데 도망쳤다지 아마……."

"영숙이가 돌아왔대요. 고생만 죽도록 하고 삼 개월 만에 다시 돌아왔나 봐요."

"응! 그래!"

"할머니는 이따금 역사 이야기와 사도세자 이야기, 그리고 이완용 대감 이야기를 들려주세요. 참 좋아요."

혜연이 이야기하는 도중 코를 골며 이 선생은 잠이 들었다. 혜연은 이야기할 것이 많이 남아있는 듯 아쉬워하면서 잠든 얼굴을 바라보았다.

함박눈이 내리는 뜰을 바라보며 할머니는 혜연에게 물었다.

"방학하면 서울로 돌아간다구요?"

"네!"

"그동안 너무 신세 많이 졌습니다. 이 은혜 잊지 못할 겁니다."

혜연은 방으로 돌아와 아랫목에 배를 깔고 누워 책을 읽었다. 경호가 헛기침을 하면서 노크를 했다.

"예!"

하고 황급히 일어나며 대답을 했다. 미닫이문이 열리고 환히 웃는 경호의 얼굴이 드러났다. 생밤이 가득 담긴 목판을 들고 서 있었다.

"심심해 하실까 봐서요. 잡숴 보시려우?"

"아유 고마워요. 이렇게 늘 배려해 주신 은혜 어찌 감당하라구요. 참 지난번 주신 『의사 자바고』 너무 좋던데요!"

"『그대 이름은』(기미노 나와 菊田一夫 作, 안혁식 역) 그 책도 읽으셨지요?"

"일본작가 특색이 담겨 있는 것 같았어요."

경호는 웃음으로 화답하며 미닫이를 닫고 사랑채로 사라졌다. 혜연은 밤을 깎아 입에 넣었다. 싱그러움이 입에 가득 번졌다. 오두둑 오두둑 단맛을 씹어가며 책을 읽었다. 왠지 모를 행복감이 밀려왔다. 행복은 어느 순간에 일어나는 번갯불처럼 스쳐가는 꼭두인가 보다.

며칠이 지났다. 양력설을 대비해서 만든 엿, 콩엿, 호박씨, 통깨 엿에 버무린 것, 늙은 호박을 엿에 조린 것 등을 목판에 수북이 담아 들고 경호 처가 혜연의 미닫이를 열었다. 이 댁 안식구들은 늘 음식 만드는 데만 주력한다. 그것이 그들의 유일한 행복일지도 모른다. 하기사 인생에서 빼놓을 수 없는 것이 먹는 재미일지도 모른다.

겨울 방학을 하루 남겨 놓은 저녁, 산골의 밤은 더욱 빨리 찾아든다.

해가 서산마루에 걸렸는가 하면 금세 땅거미가 깔린다. 그나마 오늘은 진종일 눈이 내려 불과 몇 미터 앞도 분간을 할 수가 없다. 혜연은 이 선생의 귀가 시간이 늦어져 남편을 기다리느라 대문 밖에서 서성거렸다.

애기가 칭얼대자 혜연은 방으로 들어가 애기를 재우다 잠이 들었다.

이 선생은 종업식을 마치고 선생들과 회식을 하게 되었다. 과음해서 술에 취해 비틀거리며 산비탈 좁다란 길을 걸었다. 하늘과 땅이 조우하고 하나가 되었다가 둘이 되었다가 한다. 혼잣말로 무언가 지껄이기도 하고 콧노래도 흥얼거렸다. 그때 징검다리를 건너서 이 선생 쪽으로 걸어오는 사람이 있었다. 이 선생은 자기 눈을 의심했다. 허깨비인가 잘못 보았나? 눈을 크게 뜨고 직시했다.

경호 처였다.

경호 처는 결심하고 결심한 끝에 옷 한 벌 싸 가지고 집을 나섰다가 공교롭게 이 선생과 마주쳤다. 세상은 온통 하얗게 눈에 덮였다. 눈은 하염없이 내리는데 눈을 맞으며 옆구리에 보따리 하나 끼고 나섰으니 산중에 이르러 마음이 자꾸 무너지고 있었다. 이 선생과 마주치자 원군을 만난 듯 반가웠다. 경호 처가

"선생님"

하고 불렀다.

"아주머니, 도망치기라도 하시렵니까? 가 보세요."

취한 척하고 빈둥거렸다. 아니 만취상태였다.

"도와주세요 저 좀……."

"가시겠으면 가 보세요. 작은댁 아주머니처럼 실컷 고생하고 오시려구요. 엄동설한에 누가 받아 준답니까? 아니 산중에서 눈에 홀려 헤매다 동상이라도 걸려 고생 좀 해 보시겠다 이겁니까!"

경호 처는 놀랐다. 평소 그렇게 점잖고 존경해 왔는데 일시에 무너지는 듯했다.

"밤이 더 깊기 전에 어서 가 보시지요. 아니면 저를 따라 오시던가. 나 같으면 가더라도 따뜻한 춘삼월에 가지요."

하며 앞장서 걸어갔다. 경호 처는 체념한 듯 뒤따라가고 있었다. 도망치려고 나섰으나 밤길이 자신이 없었다. 그저 묵묵히 뒤따라갔다.

묵정밭 한 뙈기를 사면이 산으로 에워쌌고 산 비탈길은 괴괴하리만치 침묵이 감돌았다. 경호 처는 두 사람이 있는 것만으로도 가슴이 벅차올랐다. 그 두 사람의 발자국을 함박눈은 소리 없이 메워 버렸다. 산에도 들에도 함박눈은 그칠 줄 모르고 펑펑 쏟아졌다. 발목까지 눈에 묻히는 산자락 좁은 길을 벗어나 개울가에 이르렀다. 개울물이 똘똘 거리며 얼음 사이를 흐르고 있었다. 징검다리는 눈 속에 돌무덤이 되어 있다. 살얼음 잡힌 물은 헛디디면 그대로 개울물 속으로 빠지기 십상이었다.

"거기 잠깐 계십시오."

이 선생은 가죽장갑 낀 손으로 징검다리 돌의 눈을 쓸며 건너갔다.

경호 처는 가슴이 뭉클했다. 경호 처가 한쪽 발이 미끄러지자

"악!"

하고 소리치는 바람에 이 선생이 반사적으로 홱 돌아서며

"자, 내 손 잡아요." 했다.

그들은 동산 소로가 보이지 않아 대중해서 나뭇가지를 잡으

면서 동산을 오르고 있었다. 경호 처는 미안한 마음을 금할 길이 없어 빨리 오르려다가 쭉쭉 미끄러졌다.

"어머야!"

소리를 연방 하면서 미끄러지기도 하고 넘어져 가며 마른 풀잎을 잡기도 하고 나뭇가지를 잡아가며 기어오르고 있었다. 그때였다. 죽은 나뭇가지를 잡는 바람에 가지가 뚝 부러지면서 대굴대굴 뒹굴었다. 이 선생이 손을 쓸 사이조차 없었다. 이 선생이 손을 내밀어 잡아 일으켰다.

"다치지 않았어요?"

경호 처는 눈을 털며 이 선생 가슴에 이마를 기댔다. 따스한 체온을 느끼며 드디어 감정이 북받쳐 흐느껴 울었다. 심장이 멎을 것만 같았다. 함박눈은 쉬임 없이 내려 두 사람을 묻어버리려는 듯 그치지 않았다.

이 선생은 그녀의 두 어깨를 가볍게 밀어 세우고 다시 걸음을 재촉하려 했다. 경호 처는 그 자리에 털썩 주저앉아 두 팔로 이 선생 다리를 휘감아 안았다. 앞으로 가려 하던 이 선생은 한쪽 다리가 잡히는 바람에 그대로 쓰러졌다. 푹신한 눈 위에 거구가 쓰러지자 경호 처는 이 선생 품 안을 파고들었다. 까마득이 취기가 이 선생을 엄습했다. 꿈속인 양 젖어들었다. 순간 안사람과 자기 방으로 착각하면서 왼손으로 끌어안으며 하체를 더듬으려는데 잔솔가지에 쌓인 눈덩어리가 하중을 견디지 못해 이 선생 목덜미에 쏟아졌다. 그 순간 이 선생은 술이 확 깨었다. 경호 처가 눈에 들어왔다.

"오 하나님……!"

고개를 설레설레 저으며 가방에 묻은 눈을 털었다. 뒤도 돌아보지 않고 쏜살같이 집으로 향했다. 경호 처는 흐느껴 울었다. 얼마를 울었을까? 몸이 얼어오는 것을 느꼈다.

'동상이라도 걸리는 날엔' 경호 처는 일어나 힘없이 걸어 내려갔다.

다음날 이 댁엔 경사가 났다. 양자를 들이는 날이다. 이사장은 양자를 두지 않겠다고 하여 경호에게 정상아를 양자로 들이기로 했다. 가족 모두 희색이 만면했다. 노할머니가 경호 처를 불러들여 아이를 안겨 주었다. 아이는 경호 처에게 히죽이 웃었다. 경호 처는 형님을 쳐다보며

"아이 좀 받아줘요."

하고 던지듯 넘겨주고 밖으로 나갔다. 입을 비쭉 내밀었다. 경호 처는 이 선생 가족이 이사를 한다 하니 더없이 슬펐다. 동산으로 홀로 올라갔다.

혜연은 트럭에 짐을 실어 보내고 우선 경호 처를 찾았으나 눈에 띄지 않았다. 노할머니를 비롯해 이사장과 안식구들에게 일일이 그간 신세진 데 대해 감사의 말을 전하며 인사를 했다. 혜연은 배웅하는 사람들 중에 혹시 나타나지 않을까 하는 생각을 줄곧 하며 연신 뒤돌아보았으나 보이지 않았다. 혜연이 집을 나서자 은세계는 햇빛이 반사하여 더욱 아름다웠다. 그 때 읍내 장을 보기 위해 갔던 경호가 돌아오는 길에 이 선생 일가를 발견하고 손을 흔들며 달려왔다. 혜연을 바라보며

"하마터면 뵙지 못할 뻔했습니다."

하며 숨을 몰아쉰다.

"그동안 너무 신세졌어요. 유 선생, 잊지 못할 거예요. 참!

부인께 전해 주세요. 뵙고 가지 못해 안타까웠노라구요."

"안녕히 가십시오. 꼭 그리 전하지요"

혜연은 목이 메어 말을 잇지 못했다.

경호 처는 동산에서 그들의 일행을 보며 눈이 붓도록 울고 있었다.

다음날 이사장 부인이

"양력 명일 전에 친정에 다녀오겠어요."

하고 친정 나들이를 떠났다. 상할머니와 중할머니는 애기 보느라 정신이 없었다. 이사장도 읍내에 볼일 보기 위해 떠났다. 경호 처는 절호의 기회라 생각했다. '도망가자' 빨래터에 가는 척하고 대야에 옷 보따리를 숨기고 동산을 오르니 이웃 사람이 보아도 의심의 여지가 없었다. 경호 처는 빨래터에 대야를 버리고 읍내 쪽으로 달렸다. 경호 처는 그날 이 선생을 마주쳤던 밤의 일을 되새기며 두 볼에 눈물이 흘렀다. 그날 밤의 흔적을 눈은 덮어버리고 햇빛에 반짝이고 있었다. 눈부신 설경을 보며 심호흡을 하고 나서 징검다리를 건너 산비탈 길을 다시 달렸다. 경호 처는 누가 쫓아와 덜미를 잡을 것만 같았다. 산모퉁이를 돌았다. 경호 처는 기겁을 했다. 경호가 딱 버티고 서 있었다. 경호 처는 도둑질하다 들킨 사람 모양 다리가 후들거려 옴짝도 못하고 못 박힌 듯 서 있었다. 별안간 경호는 처의 손을 잡았다.

"놔!"

하고 악을 쓰며 뿌리쳤다.

경호는 재차 잡았다. 뿌리치려 했으나 경호의 힘을 당할 수가 없었다.

"놔! 다시는 안 돌아가."

"인사도 없이 가려오?"

경호의 부드러운 언질에 비로소 안도하며 말했다.

"이 손 놔!"

하며 노려보았다.

"가시오. 자, 어서 가시오. 언젠가도 말했듯이 원하면 보내 준다 하지 않았오? 이건 내 월급이요."

경호 처가 뜻밖의 일인지라 어안이 벙벙해서 말도 못하고 경호를 바라보았다.

"세상이 하도 험하니 몸조심 하오. 문은 언제든지 열려 있으니 돌아오고 싶으면 언제라도 오시오. 부디 행복하오."

경호는 집으로 향했다.

경호는 자기가 채워 줄 수 없는 부분을 알기에 그녀를 관용함으로써 오히려 후련함을 느꼈다. 평소에도 측은히 여겨 오던 터였다.

경호 처는 그의 관용에 탄복했다.

'저리 좋은 사람을 버리고 가서 그 죄를 어이 받을꼬? 천지간에 나를 받아 줄 사람이 어디에 있다고! 인생은 연결 고리 같은 것, 이곳을 벗어난다고 해서 무슨 뾰족한 수가 있겠는가? 어떤 불행이 기다릴지도 모를 일이 아닌가? 하늘이 주신 내 팔자 내 운명일 거야. 그 운명 속에 주어진 그 애기, 그 애기의 엄마가 되어주리라.'

경호 처는 그 아이를 떠올렸다. 히죽이 웃던, 알밤같이 생긴 그 애기가 눈에 선했다.

핏줄이 아니면 어떠한가.

혈육을 고집하는 인습에서 벗어나니 처음으로 경호를 사랑하는 마음이 생겼다. 그런 마음이 생긴 너그러움에 스스로 놀랍고 대견한 생각마저 들었다.

"이봐요! 같이 가요!"

경호 처의 해맑은 음성이 산자락으로 번져갔다.

그 때 서울행 버스가 그들과 상관없이 통과했다.

산모퉁이를 돌아가던 경호가 주춤 하고 섰다.

"같이 가요!"

경호 처가 달려가 손을 잡으며 가쁜 숨을 몰아쉬었다.

비통함을 억누르던 경호는 기쁨을 감추지 못해 씨익 웃고 있었다.

안온하고 따뜻한 햇살이 눈을 녹여 군데군데 길이 드러났다. 햇살은 그들 두 어깨를 감쌌다. 언젠가 햇살은 잔설도 녹여 버릴 날이 오리라.

〈되돌이 꽃〉

찬서리 된서리 때리고
멀리 승냥이 울음소리
발 구르는 북풍
마른 나뭇가지에
홀로
피어난 되돌이 꽃
때늦은 꿈

햇살 하나 믿었기에
겁 없이 피어나
쓸쓸히 웃고 있네

보아주는 이도 없고
바삐 깔리는 땅거미

되돌이 꽃 섧은
찬이슬에 젖네